Ivan Koesjnir

Economie van Zuidoost-Azië

Serie "Economie in landen"

eerst gepubliceerd: 2021
laatst bijgewerkt: 2021-02-02

Ivan Koesjnir. Economie van Zuidoost-Azië. Serie "Economie in landen". - 2021. - 71 pages.

Dit boek over de economie van Zuidoost-Azië van de jaren 1970 tot de jaren 2010. Brongegevens uit UN Data.

Grootte. In de jaren 2010 was het bruto binnenlands product van Zuidoost-Azië gelijk aan US$2,6 biljoen per jaar; de waarde van de landbouw was US$279,2 miljard; de waarde van de industrie was US$764,3 miljard.

Productiviteit. In de jaren 2010 bedroeg het bruto binnenlands product per hoofd van de bevolking $4.091,4, de waarde van de landbouw per hoofd $443,1, de waarde van de industrie per hoofd $1.212,9. Omdat de productiviteit tussen het gemiddelde van onder het gemiddelde en het gemiddelde ligt, wordt de economie geclassificeerd als in ontwikkeling.

Groei. In de jaren 2010 bedroeg de groei van het bruto binnenlands product 5,2%; de groei van de landbouw was 2,6%; de groei van de industrie was 4,2%.

Structuur. In de jaren 2010 omvatte de economie van Zuidoost-Azië: industrie (30,5%), diensten (25,4%), handel (18,0%), landbouw (11,2%), vervoer (8,2%) en bouw (6,7%).

Uitvoer en invoer. In de jaren 2010 was de uitvoer 8,7% hoger dan de invoer, de netto-uitvoer was gelijk aan 5,0% van het BBP.

Consumptie en reproductie. De houding van reproductie ten opzichte van de consumptie is beter dan het mondiale gemiddelde, dus het aandeel van het BBP in de wereld zal toenemen.

Serie "Economie in landen": parallel.page.link/nl

ISBN: 9798701848984

Inhoud

Part I. Grootte

	de jaren 2010
BBP	US$2,6 biljoen
Het aandeel in de wereld	3,3%
Het aandeel in Azië	9,4%

Hoofdstuk I. Bruto binnenlands product

Het bruto binnenlands product van Zuidoost-Azië steeg van US$91,8 miljard per jaar in de jaren 1970 tot US$2,6 biljoen per jaar in de jaren 2010, dat wil zeggen met US$2,5 biljoen of 28,1 keer. De verandering vond plaats op US$1,8 biljoen als gevolg van een 3,4-voudige stijging van de prijzen, en ook op US$580,2 miljard als gevolg van een 4,2-voudige toename van de productiviteit , evenals op US$91,5 miljard als gevolg van de toename van de bevolking. De gemiddelde jaarlijkse groei van het BBP is 5,6%. De minimumwaarde van het bruto binnenlands product bedroeg US$37,6 miljard in 1970. De maximumwaarde van het bruto binnenlands product bedroeg US$3,2 biljoen in 2019.

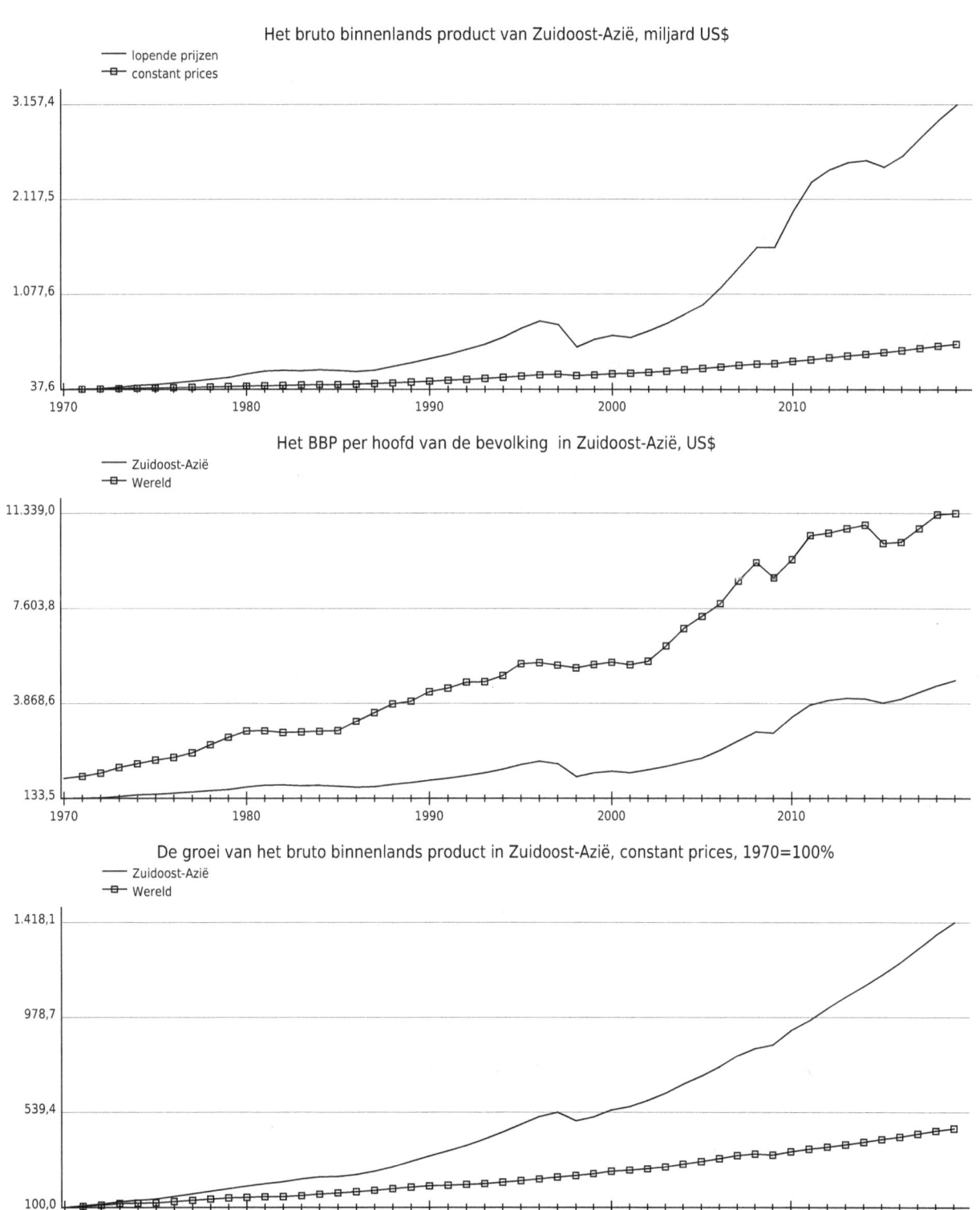

Het bruto binnenlands product van Zuidoost-Azië, miljard US$

Het BBP per hoofd van de bevolking in Zuidoost-Azië, US$

De groei van het bruto binnenlands product in Zuidoost-Azië, constant prices, 1970=100%

de jaren 1970

Het BBP van Zuidoost-Azië bedroeg in de jaren 1970 US$91,8 miljard per jaar, en was vergelijkbaar met Nigeria (US$93,0 miljard). Het aandeel in de wereld was 1,4%, en 7,5% in Azië.

Het BBP van Zuidoost-Azië bestond uit: huishoudelijke uitgaven (62,3%), kapitaalvorming (24,0%) en overheidsuitgaven (10,6%).

Het BBP per hoofd in Zuidoost-Azië was $290,9 in de jaren 1970s, en was vergelijkbaar met Tanzania (US$290,6), de Centraal-Afrikaanse Republiek (US$285,2). Het BBP per hoofd in Zuidoost-Azië was in 5,6 keer lager dan het bruto binnenlands product per hoofd van de bevolking in de wereld ($1.620,8), en was 44,6% lager dan het bruto binnenlands product per hoofd van de bevolking in Azië ($1.620,8).

De groei van het BBP in Zuidoost-Azië bedroeg 7.1% in de jaren 1970, en was vergelijkbaar met Bulgarije (7,1%). De groei van het BBP in Zuidoost-Azië (7,1%) was groter dan de groei van het bruto binnenlands product in de wereld (4,1%), was groter dan de groei van het bruto binnenlands product in Azië (5,5%).

Vergelijking met subregio's. Het BBP van Zuidoost-Azië was minder dan in Oost-Azië (US$777,3 miljard), in Zuid-Azië (US$180,6 miljard) en in Zuidwest-Azië (US$169,7 miljard). Het bruto binnenlands product per hoofd in Zuidoost-Azië was in Zuidoost-Azië groter dan in Zuid-Azië (US$218,7); maar minder dan in Zuidwest-Azië (US$2,0 duizend) en in Oost-Azië (US$709,4). De groei van het bruto binnenlands product in Zuidoost-Azië was groter dan in Oost-Azië (5,3%) en in Zuid-Azië (2,7%); maar minder dan in Zuidwest-Azië (7,6%).

Leiders. Het bruto binnenlands product van Zuidoost-Azië in de jaren 1970 bestond uit: Indonesië (36,7%), Filipijnen (17,8%), Thailand (17,1%), Maleisië (11,0%), Singapore (5,8%), en andere (11,6%). Het bruto binnenlands product per hoofd in Zuidoost-Azië onder de leiders: Singapore ($2.373,5), Maleisië ($840,6), Filipijnen ($401,3), Thailand ($375,3) en Indonesië ($259,3). De groei van het bruto binnenlands product onder de leiders: Maleisië (9,7%), Singapore (8,6%), Indonesië (7,8%), Thailand (7,0%) en Filipijnen (6,0%).

de jaren 1980

Het BBP van Zuidoost-Azië bedroeg in de jaren 1980 US$252,8 miljard per jaar, en was vergelijkbaar met Spanje (US$251,6 miljard), Oceanië (US$257,5 miljard), Australazië (US$247,8 miljard). Het aandeel in de wereld was 1,7%, en 7,3% in Azië.

Het bruto binnenlands product van Zuidoost-Azië bestond uit: huishoudelijke uitgaven (56,2%), kapitaalvorming (27,6%), overheidsuitgaven (10,7%) en netto-uitvoer (1,6%).

Het bruto binnenlands product per hoofd in Zuidoost-Azië was $637,6 in de jaren 1980s, en was vergelijkbaar met Mongolië (US$635,8), Centraal-Afrika (US$652,3). Het BBP per hoofd in Zuidoost-Azië was in 4,9 keer lager dan het bruto binnenlands product per hoofd van de bevolking in de wereld ($3.123,4), en was 47,8% lager dan het bruto binnenlands product per hoofd van de bevolking in Azië ($3.123,4).

De groei van het bruto binnenlands product in Zuidoost-Azië bedroeg 5.3% in de jaren 1980, en was vergelijkbaar met Frans-Polynesië (5,3%), de Marshalleilanden (5,3%). De groei van het bruto binnenlands product in Zuidoost-Azië (5,3%) was groter dan de groei van het bruto binnenlands product in de wereld (3,0%), was groter dan de groei van het BBP in Azië (4,6%).

Vergelijking met subregio's. Het BBP van Zuidoost-Azië was minder dan in Oost-Azië (US$2,4 biljoen), in Zuid-Azië (US$420,8 miljard) en in Zuidwest-Azië (US$390,9 miljard). Het BBP per hoofd in Zuidoost-Azië was in Zuidoost-Azië groter dan in Zuid-Azië (US$401,2); maar minder dan in Zuidwest-Azië (US$3,4 duizend) en in Oost-Azië (US$1.880,1). De groei van het BBP in Zuidoost-Azië was groter dan in Zuid-Azië (3,5%) en in Zuidwest-Azië (0,53%); maar minder dan in Oost-Azië (5,7%).

Leiders. Het bruto binnenlands product van Zuidoost-Azië in de jaren 1980 bestond uit: Indonesië (40,1%), Thailand (18,5%), Filipijnen (15,1%), Maleisië (12,1%), Singapore (7,8%), en andere (6,4%). Het BBP per hoofd in Zuidoost-Azië onder de leiders: Singapore ($7.370,3), Maleisië ($1.971,3), Thailand ($908,3), Filipijnen ($710,2) en Indonesië ($618,4). De groei van het BBP onder de leiders: Singapore (7,8%), Thailand (7,2%), Indonesië (6,4%), Maleisië (5,7%) en Filipijnen (1,9%).

de jaren 1990

Het bruto binnenlands product van Zuidoost-Azië bedroeg in de jaren 1990 US$571,6 miljard per jaar. Het aandeel in de wereld was 2,0%, en 7,4% in Azië.

Het bruto binnenlands product van Zuidoost-Azië bestond uit: huishoudelijke uitgaven (54,9%), kapitaalvorming (30,9%), overheidsuitgaven (9,7%) en netto-uitvoer (1,7%).

Het bruto binnenlands product per hoofd in Zuidoost-Azië was $1.187,4 in de jaren 1990s, en was vergelijkbaar met Guyana (US$1.189,7), Palestina (US$1.200,4), Guatemala (US$1.173,6). Het bruto binnenlands product per hoofd in Zuidoost-Azië was in 4,2 keer lager dan het bruto binnenlands product per hoofd van de bevolking in de wereld ($5.020,1), en was 47,1% lager dan het bruto binnenlands product per hoofd van de bevolking in Azië ($5.020,1).

De groei van het BBP in Zuidoost-Azië bedroeg 5.2% in de jaren 1990, en was vergelijkbaar met Thailand (5,2%), Aruba (5,2%). De groei van het BBP in Zuidoost-Azië (5,2%) was groter dan de groei van het BBP in de wereld (2,8%), was groter dan de groei van het bruto binnenlands product in Azië (4,7%).

Vergelijking met subregio's. Het bruto binnenlands product van Zuidoost-Azië was groter dan in Centraal-Azië (US$47,0 miljard); maar minder dan in Oost-Azië (US$5,9 biljoen), in Zuidwest-Azië (US$658,5 miljard) en in Zuid-Azië (US$601,6 miljard). Het bruto binnenlands product per hoofd in Zuidoost-Azië was in Zuidoost-Azië groter dan in Centraal-Azië (US$891,5) en in Zuid-Azië (US$459,4); maar minder dan in Oost-Azië (US$4,0 duizend) en in Zuidwest-Azië (US$4,0 duizend). De groei van het BBP in Zuidoost-Azië was groter dan in Zuid-Azië (5,1%), in Zuidwest-Azië (4,6%), in Oost-Azië (4,4%) en in Centraal-Azië (-4,0%).

Leiders. Het BBP van Zuidoost-Azië in de jaren 1990 bestond uit: Indonesië (32,7%), Thailand (23,2%), Maleisië (12,9%), Singapore (12,7%), Filipijnen (12,4%), en andere (6,2%). Het BBP per hoofd in Zuidoost-Azië onder de leiders: Singapore ($20.911,4), Maleisië ($3.622,6), Thailand ($2.231,7), Filipijnen ($1.028,1) en Indonesië ($953,4). De groei van het BBP onder de leiders: Singapore (7,2%), Maleisië (7,1%), Thailand (5,2%), Indonesië (4,6%) en Filipijnen (2,7%).

de jaren 2000

Het bruto binnenlands product van Zuidoost-Azië bedroeg in de jaren 2000 US$1,0 biljoen per jaar. Het aandeel in de wereld was 2,2%, en 8,1% in Azië.

Het bruto binnenlands product van Zuidoost-Azië bestond uit: huishoudelijke uitgaven (57,1%), kapitaalvorming (25,0%), overheidsuitgaven (10,3%) en netto-uitvoer (8,1%).

Het BBP per hoofd in Zuidoost-Azië was $1.827,8 in de jaren 2000s. Het BBP per hoofd in Zuidoost-Azië was in 3,9 keer lager dan het bruto binnenlands product per hoofd van de bevolking in de wereld ($7.176,3), en was 42,5% lager dan het bruto binnenlands product per hoofd van de bevolking in Azië ($7.176,3).

De groei van het BBP in Zuidoost-Azië bedroeg 5.1% in de jaren 2000, en was vergelijkbaar met Libanon (5,1%), Congo (5,1%), Indonesië (5,1%). De groei van het BBP in Zuidoost-Azië (5,1%) was groter dan de groei van het bruto binnenlands product in de wereld (3,0%), was minder dan de groei van het BBP in Azië (5,2%).

Vergelijking met subregio's. Het bruto binnenlands product van Zuidoost-Azië was groter dan in Centraal-Azië (US$102,4 miljard); maar minder dan in Oost-Azië (US$8,7 biljoen), in Zuidwest-Azië (US$1,5 biljoen) en in Zuid-Azië (US$1,3 biljoen). Het bruto binnenlands product per hoofd in Zuidoost-Azië was in Zuidoost-Azië groter dan in Centraal-Azië (US$1.757,0) en in Zuid-Azië (US$823,6); maar minder dan in Zuidwest-Azië (US$7,3 duizend) en in Oost-Azië (US$5,6 duizend). De groei van het BBP in Zuidoost-Azië was groter dan in Zuidwest-Azië (4,3%); maar minder dan in Centraal-Azië (7,8%), in Zuid-Azië (5,7%) en in Oost-Azië (5,3%).

Leiders. Het bruto binnenlands product van Zuidoost-Azië in de jaren 2000 bestond uit: Indonesië (32,9%), Thailand (19,2%), Maleisië (14,3%), Singapore (13,1%), Filipijnen (11,1%), en andere (9,5%). Het bruto binnenlands product per hoofd in Zuidoost-Azië onder de leiders: Singapore ($30.713,7), Maleisië ($5.716,0), Thailand ($3.000,7), Indonesië ($1.489,1) en Filipijnen ($1.324,9). De groei van het BBP onder de leiders: Singapore (5,3%), Indonesië (5,1%), Maleisië (4,7%), Filipijnen (4,4%) en Thailand (4,3%).

de jaren 2010

Het BBP van Zuidoost-Azië bedroeg in de jaren 2010 US$2,6 biljoen per jaar. Het aandeel in de wereld was 3,3%, en 9,4% in Azië.

Het BBP van Zuidoost-Azië bestond uit: huishoudelijke uitgaven (55,5%), kapitaalvorming (28,5%), overheidsuitgaven (11,2%) en netto-uitvoer (5,0%).

Het bruto binnenlands product per hoofd in Zuidoost-Azië was $4.091,4 in de jaren 2010s, en was vergelijkbaar met Samoa (US$4,1 duizend), Swaziland (US$4,1 duizend), Jordanië (US$4,1 duizend). Het bruto binnenlands product per hoofd in Zuidoost-Azië was in 2,6 keer lager dan het bruto binnenlands product per hoofd van de bevolking in de wereld ($10.603,1), en was 34,1% lager dan het bruto binnenlands product per hoofd van de bevolking in Azië ($10.603,1).

De groei van het BBP in Zuidoost-Azië bedroeg 5.2% in de jaren 2010, en was vergelijkbaar met Azië (5,2%), Sri Lanka (5,2%). De groei van het BBP in Zuidoost-Azië (5,2%) was groter dan de groei van het BBP in de wereld (3,1%), was groter dan de groei van het BBP in Azië (5,2%).

Vergelijking met subregio's. Het bruto binnenlands product van Zuidoost-Azië was 8,5 keer groter dan in Centraal-Azië (US$301,6 miljard); maar 7,0 keer minder dan in Oost-Azië (US$18,1 biljoen), 21,2% minder dan in Zuid-Azië (US$3,3 biljoen) en 17,3% minder dan in Zuidwest-Azië (US$3,1 biljoen). Het BBP per hoofd in Zuidoost-Azië was in Zuidoost-Azië2,3 keer groter dan in Zuid-Azië (US$1.801,7); maar 3,0 keer minder dan in Zuidwest-Azië (US$12,3 duizend), 2,7 keer minder dan in Oost-Azië (US$11,0 duizend) en 7,8% minder dan in Centraal-Azië (US$4,4 duizend). De groei van het BBP in Zuidoost-Azië was groter dan in Zuidwest-Azië (3,9%); maar minder dan in Zuid-Azië (5,6%), in Centraal-Azië (5,5%) en in Oost-Azië (5,4%).

Leiders. Het BBP van Zuidoost-Azië in de jaren 2010 bestond uit: Indonesië (36,2%), Thailand (16,5%), Maleisië (12,3%), Singapore (12,2%), Filipijnen (11,0%), en andere (11,8%). Het BBP per hoofd in Zuidoost-Azië onder de leiders: Singapore ($57.012,6), Maleisië ($10.551,4), Thailand ($6.208,3), Indonesië ($3.640,7) en Filipijnen ($2.798,4). De groei van het bruto binnenlands product onder de leiders: Filipijnen (6,3%), Indonesië (5,4%), Maleisië (5,3%), Singapore (4,8%) en Thailand (3,6%).

Hoofdstuk II. Toegevoegde waarde

De toegevoegde waarde van Zuidoost-Azië steeg van US$89,5 miljard per jaar in de jaren 1970 tot US$2,5 biljoen per jaar in de jaren 2010, dat wil zeggen met US$2,4 biljoen of 28,0 keer. De verandering vond plaats op US$1,8 biljoen als gevolg van een 3,6-voudige stijging van de prijzen, en ook op US$523,1 miljard als gevolg van een 3,9-voudige toename van de productiviteit , evenals op US$89,3 miljard als gevolg van de toename van de bevolking. De gemiddelde jaarlijkse groei van de toegevoegde waarde is 5,4%. De minimumwaarde van de toegevoegde waarde bedroeg US$36,5 miljard in 1970. De maximumwaarde van de toegevoegde waarde bedroeg US$3,1 biljoen in 2019.

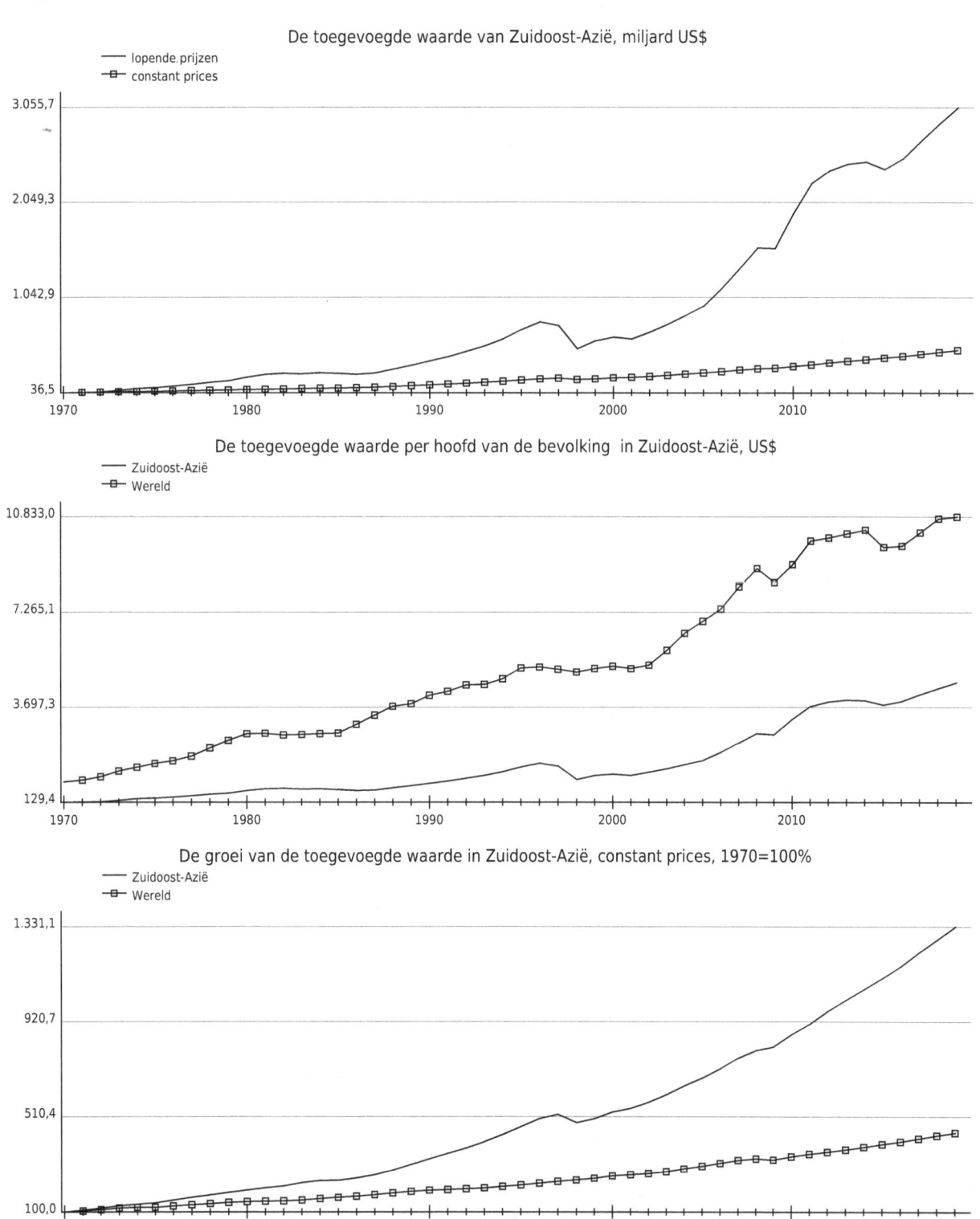

De toegevoegde waarde van Zuidoost-Azië, miljard US$

De toegevoegde waarde per hoofd van de bevolking in Zuidoost-Azië, US$

De groei van de toegevoegde waarde in Zuidoost-Azië, constant prices, 1970=100%

de jaren 1970

De toegevoegde waarde van Zuidoost-Azië bedroeg in de jaren 1970 US$89,5 miljard per jaar, en was vergelijkbaar met Nigeria (US$88,9 miljard), Australië (US$90,2 miljard), India (US$90,5 miljard). Het aandeel in de wereld was 1,4%, en 7,6% in Azië.

De totale toegevoegde waarde van Zuidoost-Azië bestond uit: industrie (27,2%), landbouw (26,8%), handel (18,1%), diensten (17,9%), vervoer (5,1%) en constructie (4,8%).

De toegevoegde waarde per hoofd in Zuidoost-Azië was $283,8 in de jaren 1970s, en was vergelijkbaar met Madagaskar (US$288,4), de Centraal-Afrikaanse Republiek (US$289,0). De toegevoegde waarde per hoofd in Zuidoost-Azië was in 5,5 keer lager dan de toegevoegde waarde per hoofd van de bevolking in de wereld ($1.564,4), en was 44,2% lager dan de toegevoegde waarde per hoofd van de bevolking in Azië ($1.564,4).

De groei van de toegevoegde waarde in Zuidoost-Azië bedroeg 7% in de jaren 1970, en was vergelijkbaar met Sao Tomé en Principe (7,0%), Malawi (7,0%), Nigeria (7,0%). De groei van de toegevoegde waarde in Zuidoost-Azië (7,0%) was groter dan de groei van de toegevoegde waarde in de wereld (3,9%), was groter dan de groei van de toegevoegde waarde in Azië (5,5%).

Vergelijking met subregio's. De toegevoegde waarde van Zuidoost-Azië was minder dan in Oost-Azië (US$760,5 miljard), in Zuid-Azië (US$169,1 miljard) en in Zuidwest-Azië (US$161,1 miljard). De toegevoegde waarde per hoofd in Zuidoost-Azië was in Zuidoost-Azië groter dan in Zuid-Azië (US$204,7); maar minder dan in Zuidwest-Azië (US$1.908,3) en in Oost-Azië (US$694,0). De groei van de toegevoegde waarde in Zuidoost-Azië was groter dan in Oost-Azië (5,3%) en in Zuid-Azië (3,0%); maar minder dan in Zuidwest-Azië (7,6%).

Leiders. De toegevoegde waarde van Zuidoost-Azië in de jaren 1970 bestond uit: Indonesië (35,2%), Filipijnen (18,2%), Thailand (17,5%), Maleisië (11,2%), Singapore (5,7%), en andere (12,2%). De toegevoegde waarde per hoofd in Zuidoost-Azië onder de leiders: Singapore ($2.280,0), Maleisië ($832,5), Filipijnen ($398,8), Thailand ($375,3) en Indonesië ($242,9). De groei van de toegevoegde waarde onder de leiders: Maleisië (8,8%), Singapore (7,8%), Indonesië (7,7%), Thailand (7,2%) en Filipijnen (6,0%).

de jaren 1980

De toegevoegde waarde van Zuidoost-Azië bedroeg in de jaren 1980 US$249,0 miljard per jaar. Het aandeel in de wereld was 1,7%, en 7,4% in Azië.

De totale toegevoegde waarde van Zuidoost-Azië bestond uit: industrie (30,4%), diensten (20,4%), landbouw (19,2%), handel (18,2%), transport (6,6%) en constructie (5,2%).

De toegevoegde waarde per hoofd in Zuidoost-Azië was $628,1 in de jaren 1980s, en was vergelijkbaar met Centraal-Afrika (US$640,6). De toegevoegde waarde per hoofd in Zuidoost-Azië was in 4,8 keer lager dan de toegevoegde waarde per hoofd van de bevolking in de wereld ($3.029,9), en was 47,3% lager dan de toegevoegde waarde per hoofd van de bevolking in Azië ($3.029,9).

De groei van de toegevoegde waarde in Zuidoost-Azië bedroeg 5.2% in de jaren 1980. De groei van de toegevoegde waarde in Zuidoost-Azië (5,2%) was groter dan de groei van de toegevoegde waarde in de wereld (2,9%), was groter dan de groei van de toegevoegde waarde in Azië (4,3%).

Vergelijking met subregio's. De toegevoegde waarde van Zuidoost-Azië was minder dan in Oost-Azië (US$2,4 biljoen), in Zuid-Azië (US$384,1 miljard) en in Zuidwest-Azië (US$379,4 miljard). De toegevoegde waarde per hoofd in Zuidoost-Azië was in Zuidoost-Azië groter dan in Zuid-Azië (US$366,2); maar minder dan in Zuidwest-Azië (US$3,3 duizend) en in Oost-Azië (US$1.854,0). De groei van de toegevoegde waarde in Zuidoost-Azië was groter dan in Zuid-Azië (2,7%) en in Zuidwest-Azië (0,11%); maar minder dan in Oost-Azië (5,6%).

Leiders. De toegevoegde waarde van Zuidoost-Azië in de jaren 1980 bestond uit: Indonesië (39,1%), Thailand (18,8%), Filipijnen (15,4%), Maleisië (12,3%), Singapore (7,6%), en andere (6,7%). De toegevoegde waarde per hoofd in Zuidoost-Azië onder de leiders: Singapore ($7.072,4), Maleisië ($1.976,4), Thailand ($908,3), Filipijnen ($715,1) en Indonesië ($595,0). De groei van de toegevoegde waarde onder de leiders: Singapore (8,2%), Thailand (7,2%), Indonesië (5,7%), Maleisië (5,6%) en Filipijnen (2,0%).

de jaren 1990

De toegevoegde waarde van Zuidoost-Azië bedroeg in de jaren 1990 US$570,7 miljard per jaar, en was vergelijkbaar met Canada (US$571,5 miljard), Brazilië (US$575,8 miljard), Afrika (US$561,8 miljard). Het aandeel in de wereld was 2,1%, en 7,5% in Azië.

De totale toegevoegde waarde van Zuidoost-Azië bestond uit: industrie (30,9%), diensten (24,5%), handel (18,5%), landbouw (12,9%), transport (7,4%) en bouw (5,8%).

De toegevoegde waarde per hoofd in Zuidoost-Azië was $1.185,5 in de jaren 1990s, en was vergelijkbaar met Oekraïne (US$1.177,9), Congo-Brazzaville (US$1.159,8). De toegevoegde waarde per hoofd in Zuidoost-Azië was in 4,0 keer lager dan de toegevoegde waarde per hoofd van de bevolking in de wereld ($4.799,9), en was 46,0% lager dan de toegevoegde waarde per hoofd van de bevolking in Azië ($4.799,9).

De groei van de toegevoegde waarde in Zuidoost-Azië bedroeg 5.1% in de jaren 1990, en was vergelijkbaar met Thailand (5,1%), Cyprus (5,2%). De groei van de toegevoegde waarde in Zuidoost-Azië (5,1%) was groter dan de groei van de toegevoegde waarde in de wereld (2,7%), was groter dan de groei van de toegevoegde waarde in Azië (4,6%).

Vergelijking met subregio's. De toegevoegde waarde van Zuidoost-Azië was groter dan in Zuid-Azië (US$550,8 miljard) en in Centraal-Azië (US$45,9 miljard); maar minder dan in Oost-Azië (US$5,8 biljoen) en in Zuidwest-Azië (US$623,5 miljard). De toegevoegde waarde per hoofd in Zuidoost-Azië was in Zuidoost-Azië groter dan in Centraal-Azië (US$870,8) en in Zuid-Azië (US$420,6); maar minder dan in Oost-Azië (US$4,0 duizend) en in Zuidwest-Azië (US$3,8 duizend). De groei van de toegevoegde waarde in Zuidoost-Azië was groter dan in Zuid-Azië (4,9%), in Oost-Azië (4,4%), in Zuidwest-Azië (4,3%) en in Centraal-Azië (-4,3%).

Leiders. De toegevoegde waarde van Zuidoost-Azië in de jaren 1990 bestond uit: Indonesië (32,6%), Thailand (23,2%), Maleisië (13,3%), Filipijnen (12,4%), Singapore (12,0%), en andere (6,5%). De toegevoegde waarde per hoofd in Zuidoost-Azië onder de leiders: Singapore ($19.692,9), Maleisië ($3.732,0), Thailand ($2.231,6), Filipijnen ($1.029,0) en Indonesië ($949,7). De groei van de toegevoegde waarde onder de leiders: Singapore (6,7%), Maleisië (6,6%), Thailand (5,1%), Indonesië (4,5%) en Filipijnen (2,9%).

de jaren 2000

De toegevoegde waarde van Zuidoost-Azië bedroeg in de jaren 2000 US$1,0 biljoen per jaar, en was vergelijkbaar met Spanje (US$991,9 miljard), Canada (US$1,0 biljoen). Het aandeel in de wereld was 2,3%, en 8,2% in Azië.

De totale toegevoegde waarde van Zuidoost-Azië bestond uit: industrie (34,4%), diensten (24,2%), handel (17,4%), landbouw (11,2%), vervoer (7,9%) en constructie (4,9%).

De toegevoegde waarde per hoofd in Zuidoost-Azië was $1.807,0 in de jaren 2000s, en was vergelijkbaar met Vanuatu (US$1.796,2). De toegevoegde waarde per hoofd in Zuidoost-Azië was in 3,8 keer lager dan de toegevoegde waarde per hoofd van de bevolking in de wereld ($6.818,0), en was 41,9% lager dan de toegevoegde waarde per hoofd van de bevolking in Azië ($6.818,0).

De groei van de toegevoegde waarde in Zuidoost-Azië bedroeg 4.9% in de jaren 2000, en was vergelijkbaar met Liberia (4,9%), Indonesië (4,9%), Afrika (4,9%). De groei van de toegevoegde waarde in Zuidoost-Azië (4,9%) was groter dan de groei van de toegevoegde waarde in de wereld (2,9%), was minder dan de groei van de toegevoegde waarde in Azië (5,1%).

Vergelijking met subregio's. De toegevoegde waarde van Zuidoost-Azië was groter dan in Centraal-Azië (US$97,7 miljard); maar minder dan in Oost-Azië (US$8,6 biljoen), in Zuidwest-Azië (US$1,4 biljoen) en in Zuid-Azië (US$1,2 biljoen). De toegevoegde waarde per hoofd in Zuidoost-Azië was in Zuidoost-Azië groter dan in Centraal-Azië (US$1.675,9) en in Zuid-Azië (US$772,7); maar minder dan in Zuidwest-Azië (US$6,9 duizend) en in Oost-Azië (US$5,5 duizend). De groei van de toegevoegde waarde in Zuidoost-Azië was groter dan in Zuidwest-Azië (4,2%); maar minder dan in Centraal-Azië (7,5%), in Zuid-Azië (5,6%) en in Oost-Azië (5,1%).

Leiders. De toegevoegde waarde van Zuidoost-Azië in de jaren 2000 bestond uit: Indonesië (32,7%), Thailand (19,4%), Maleisië (14,5%), Singapore (12,6%), Filipijnen (11,2%), en andere (9,6%). De toegevoegde waarde per hoofd in Zuidoost-Azië onder de leiders: Singapore ($29.116,0), Maleisië ($5.737,9), Thailand ($3.000,7), Indonesië ($1.463,6) en Filipijnen ($1.324,4). De groei van de toegevoegde waarde onder de leiders: Singapore (5,1%), Indonesië (4,9%), Maleisië (4,4%), Filipijnen (4,4%) en Thailand (4,3%).

de jaren 2010

De toegevoegde waarde van Zuidoost-Azië bedroeg in de jaren 2010 US$2,5 biljoen per jaar, en was vergelijkbaar met het Verenigd Koninkrijk (US$2,5 biljoen). Het aandeel in de wereld was 3,4%, en 9,4% in Azië.

De totale toegevoegde waarde van Zuidoost-Azië bestond uit: industrie (30,5%), diensten (25,4%), handel (18,0%), landbouw (11,2%), vervoer (8,2%) en bouw (6,7%).

De toegevoegde waarde per hoofd in Zuidoost-Azië was $3.974,2 in de jaren 2010s, en was vergelijkbaar met Albanië (US$3,9 duizend), Swaziland (US$3,9 duizend). De toegevoegde waarde per hoofd in Zuidoost-Azië was in 2,5 keer lager dan de toegevoegde waarde per hoofd van de bevolking in de wereld ($10.094,6), en was 34,5% lager dan de toegevoegde waarde per hoofd van de bevolking in Azië ($10.094,6).

De groei van de toegevoegde waarde in Zuidoost-Azië bedroeg 5.1% in de jaren 2010, en was vergelijkbaar met Vietnam (5,0%), Macau (5,1%). De groei van de toegevoegde waarde in Zuidoost-Azië (5,1%) was groter dan de groei van de toegevoegde waarde in de wereld (3,1%), was minder dan de groei van de toegevoegde waarde in Azië (5,3%).

Vergelijking met subregio's. De toegevoegde waarde van Zuidoost-Azië was 8,9 keer groter dan in Centraal-Azië (US$280,7 miljard); maar 7,1 keer minder dan in Oost-Azië (US$17,9 biljoen), 18,0% minder dan in Zuid-Azië (US$3,1 biljoen) en 16,5% minder dan in Zuidwest-Azië (US$3,0 biljoen). De toegevoegde waarde per hoofd in Zuidoost-Azië was in Zuidoost-Azië2,4 keer groter dan in Zuid-Azië (US$1.681,3); maar 3,0 keer minder dan in Zuidwest-Azië (US$11,8 duizend), 2,7 keer minder dan in Oost-Azië (US$10,9 duizend) en 3,8% minder dan in Centraal-Azië (US$4,1 duizend). De groei van de toegevoegde waarde in Zuidoost-Azië was groter dan in Zuidwest-Azië (3,9%); maar minder dan in Zuid-Azië (5,8%), in Centraal-Azië (5,5%) en in Oost-Azië (5,4%).

Leiders. De toegevoegde waarde van Zuidoost-Azië in de jaren 2010 bestond uit: Indonesië (36,1%), Thailand (16,9%), Maleisië (12,5%), Singapore (11,9%), Filipijnen (11,3%), en andere (11,2%). De toegevoegde waarde per hoofd in Zuidoost-Azië onder de leiders: Singapore ($53.806,1), Maleisië ($10.434,0), Thailand ($6.190,3), Indonesië ($3.527,6) en Filipijnen ($2.798,4). De groei van de toegevoegde waarde onder de leiders: Filipijnen (6,3%), Maleisië (5,3%), Indonesië (5,2%), Singapore (4,8%) en Thailand (3,6%).

Hoofdstuk III. Bruto nationaal inkomen

Het BNI van Zuidoost-Azië steeg van US$90,0 miljard per jaar in de jaren 1970 tot US$2,5 biljoen per jaar in de jaren 2010, dat wil zeggen met US$2,4 biljoen of 28,2 keer. De verandering vond plaats op US$1,8 biljoen als gevolg van een 3,4-voudige stijging van de prijzen, en ook op US$572,4 miljard als gevolg van een 4,2-voudige toename van de productiviteit , evenals op US$89,8 miljard als gevolg van de toename van de bevolking. De gemiddelde jaarlijkse groei van het BNI is 5,6%. De minimumwaarde van het BNI bedroeg US$36,9 miljard in 1970. De maximumwaarde van het bruto nationaal inkomen bedroeg US$3,1 biljoen in 2019.

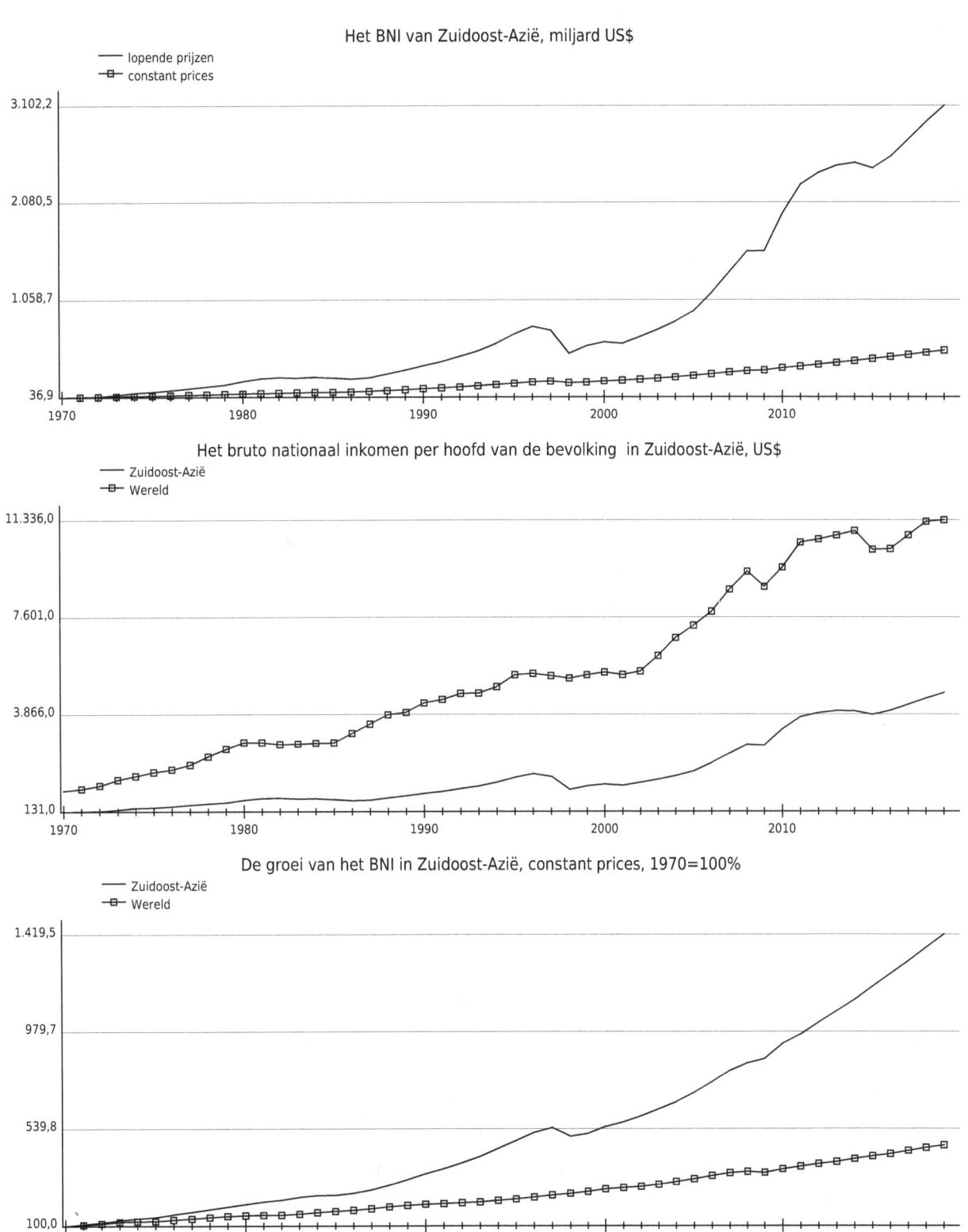

Het BNI van Zuidoost-Azië, miljard US$

Het bruto nationaal inkomen per hoofd van de bevolking in Zuidoost-Azië, US$

De groei van het BNI in Zuidoost-Azië, constant prices, 1970=100%

de jaren 1970

Het bruto nationaal inkomen van Zuidoost-Azië bedroeg in de jaren 1970 US$90,0 miljard per jaar, en was vergelijkbaar met Nigeria (US$92,0 miljard). Het aandeel in de wereld was 1,4%, en 7,3% in Azië.

Het bruto nationaal inkomen per hoofd in Zuidoost-Azië was $285,4 in de jaren 1970s, en was vergelijkbaar met Tanzania (US$291,7). Het BNI per hoofd in Zuidoost-Azië was in 5,7 keer lager dan het bruto nationaal inkomen per hoofd van de bevolking in de wereld ($1.624,3), en was 46,1% lager dan het bruto nationaal inkomen per hoofd van de bevolking in Azië ($1.624,3).

De groei van het bruto nationaal inkomen in Zuidoost-Azië bedroeg 7.1% in de jaren 1970, en was vergelijkbaar met Bulgarije (7,1%). De groei van het BNI in Zuidoost-Azië (7,1%) was groter dan de groei van het bruto nationaal inkomen in de wereld (4,1%), was groter dan de groei van het BNI in Azië (5,5%).

Vergelijking met subregio's. Het BNI van Zuidoost-Azië was minder dan in Oost-Azië (US$790,1 miljard), in Zuid-Azië (US$180,4 miljard) en in Zuidwest-Azië (US$168,6 miljard). Het BNI per hoofd in Zuidoost-Azië was in Zuidoost-Azië groter dan in Zuid-Azië (US$218,5); maar minder dan in Zuidwest-Azië (US$1.996,8) en in Oost-Azië (US$721,0). De groei van het bruto nationaal inkomen in Zuidoost-Azië was groter dan in Oost-Azië (5,2%) en in Zuid-Azië (2,9%); maar minder dan in Zuidwest-Azië (8,0%).

Leiders. Het BNI van Zuidoost-Azië in de jaren 1970 bestond uit: Indonesië (35,6%), Filipijnen (19,0%), Thailand (17,3%), Maleisië (10,8%), Singapore (5,8%), en andere (11,4%). Het bruto nationaal inkomen per hoofd in Zuidoost-Azië onder de leiders: Singapore ($2.358,2), Maleisië ($808,0), Filipijnen ($419,1), Thailand ($373,1) en Indonesië ($247,1). De groei van het bruto nationaal inkomen onder de leiders: Maleisië (9,3%), Singapore (8,5%), Indonesië (7,4%), Thailand (6,8%) en Filipijnen (6,3%).

de jaren 1980

Het bruto nationaal inkomen van Zuidoost-Azië bedroeg in de jaren 1980 US$245,7 miljard per jaar, en was vergelijkbaar met Spanje (US$247,9 miljard), Australazië (US$242,2 miljard), Oceanië (US$251,2 miljard). Het aandeel in de wereld was 1,6%, en 7,0% in Azië.

Het BNI per hoofd in Zuidoost-Azië was $619,7 in de jaren 1980s, en was vergelijkbaar met Centraal-Afrika (US$621,8), Bolivia (US$629,9). Het BNI per hoofd in Zuidoost-Azië was in 5,0 keer lager dan het bruto nationaal inkomen per hoofd van de bevolking in de wereld ($3.117,1), en was 49,8% lager dan het bruto nationaal inkomen per hoofd van de bevolking in Azië ($3.117,1).

De groei van het bruto nationaal inkomen in Zuidoost-Azië bedroeg 5.3% in de jaren 1980. De groei van het bruto nationaal inkomen in Zuidoost-Azië (5,3%) was groter dan de groei van het BNI in de wereld (3,0%), was groter dan de groei van het bruto nationaal inkomen in Azië (4,6%).

Vergelijking met subregio's. Het BNI van Zuidoost-Azië was minder dan in Oost-Azië (US$2,4 biljoen), in Zuid-Azië (US$422,8 miljard) en in Zuidwest-Azië (US$402,6 miljard). Het BNI per hoofd in Zuidoost-Azië was in Zuidoost-Azië groter dan in Zuid-Azië (US$403,0); maar minder dan in Zuidwest-Azië (US$3,5 duizend) en in Oost-Azië (US$1.901,2). De groei van het BNI in Zuidoost-Azië was groter dan in Zuid-Azië (3,3%) en in Zuidwest-Azië (0,94%); maar minder dan in Oost-Azië (5,6%).

Leiders. Het BNI van Zuidoost-Azië in de jaren 1980 bestond uit: Indonesië (39,1%), Thailand (18,8%), Filipijnen (15,9%), Maleisië (11,7%), Singapore (7,9%), en andere (6,6%). Het bruto nationaal inkomen per hoofd in Zuidoost-Azië onder de leiders: Singapore ($7.226,9), Maleisië ($1.859,5), Thailand ($893,8), Filipijnen ($729,9) en Indonesië ($587,1). De groei van het BNI onder de leiders: Singapore (7,7%), Thailand (7,2%), Indonesië (6,4%), Maleisië (5,6%) en Filipijnen (1,6%).

de jaren 1990

Het bruto nationaal inkomen van Zuidoost-Azië bedroeg in de jaren 1990 US$562,2 miljard per jaar, en was vergelijkbaar met Afrika (US$566,5 miljard). Het aandeel in de wereld was 2,0%, en 7,2% in Azië.

Het BNI per hoofd in Zuidoost-Azië was $1.167,8 in de jaren 1990s, en was vergelijkbaar met Oekraïne (US$1.165,8), Guatemala (US$1.159,6), Samoa (US$1.192,1). Het BNI per hoofd in Zuidoost-Azië was in 4,3 keer lager dan het bruto nationaal inkomen per hoofd van de bevolking in de wereld ($4.991,4), en was 48,3% lager dan het bruto nationaal inkomen per hoofd van de bevolking in Azië ($4.991,4).

De groei van het BNI in Zuidoost-Azië bedroeg 5.3% in de jaren 1990. De groei van het BNI in Zuidoost-Azië (5,3%) was groter dan de groei van het bruto nationaal inkomen in de wereld (2,8%), was groter dan de groei van het bruto nationaal inkomen in Azië (4,6%).

Vergelijking met subregio's. Het bruto nationaal inkomen van Zuidoost-Azië was groter dan in Centraal-Azië (US$47,2 miljard); maar minder dan in Oost-Azië (US$5,9 biljoen), in Zuidwest-Azië (US$668,1 miljard) en in Zuid-Azië (US$598,5 miljard). Het BNI per hoofd in Zuidoost-Azië was in Zuidoost-Azië groter dan in Centraal-Azië (US$894,8) en in Zuid-Azië (US$457,0); maar minder dan in Oost-Azië (US$4,1 duizend) en in Zuidwest-Azië (US$4,1 duizend). De groei van het BNI in Zuidoost-Azië was groter dan in Zuid-Azië (5,1%), in Oost-Azië (4,3%), in Zuidwest-Azië (4,3%) en in Centraal-Azië (-4,3%).

Leiders. Het BNI van Zuidoost-Azië in de jaren 1990 bestond uit: Indonesië (31,6%), Thailand (23,0%), Filipijnen (13,8%), Singapore (13,0%), Maleisië (12,4%), en andere (6,2%). Het bruto nationaal inkomen per hoofd in Zuidoost-Azië onder de leiders: Singapore ($20.966,5), Maleisië ($3.435,8), Thailand ($2.180,7), Filipijnen ($1.126,0) en Indonesië ($907,8). De groei van het BNI onder de leiders: Singapore (7,3%), Maleisië (7,0%), Thailand (5,0%), Indonesië (4,3%) en Filipijnen (3,8%).

de jaren 2000

Het BNI van Zuidoost-Azië bedroeg in de jaren 2000 US$1,0 biljoen per jaar. Het aandeel in de wereld was 2,1%, en 7,9% in Azië.

Het BNI per hoofd in Zuidoost-Azië was $1.795,5 in de jaren 2000s, en was vergelijkbaar met Oekraïne (US$1.800,1), Angola (US$1.780,2). Het bruto nationaal inkomen per hoofd in Zuidoost-Azië was in 4,0 keer lager dan het bruto nationaal inkomen per hoofd van de bevolking in de wereld ($7.165,2), en was 43,9% lager dan het bruto nationaal inkomen per hoofd van de bevolking in Azië ($7.165,2).

De groei van het bruto nationaal inkomen in Zuidoost-Azië bedroeg 5.2% in de jaren 2000, en was vergelijkbaar met de Filipijnen (5,1%), Belize (5,1%), Servië (5,1%). De groei van het BNI in Zuidoost-Azië (5,2%) was groter dan de groei van het bruto nationaal inkomen in de wereld (3,0%), was minder dan de groei van het BNI in Azië (5,3%).

Vergelijking met subregio's. Het BNI van Zuidoost-Azië was groter dan in Centraal-Azië (US$95,7 miljard); maar minder dan in Oost-Azië (US$8,8 biljoen), in Zuidwest-Azië (US$1,5 biljoen) en in Zuid-Azië (US$1,3 biljoen). Het bruto nationaal inkomen per hoofd in Zuidoost-Azië was in Zuidoost-Azië groter dan in Centraal-Azië (US$1.642,1) en in Zuid-Azië (US$823,6); maar minder dan in Zuidwest-Azië (US$7,3 duizend) en in Oost-Azië (US$5,6 duizend). De groei van het BNI in Zuidoost-Azië was groter dan in Zuidwest-Azië (4,2%); maar minder dan in Centraal-Azië (7,1%), in Zuid-Azië (5,7%) en in Oost-Azië (5,4%).

Leiders. Het BNI van Zuidoost-Azië in de jaren 2000 bestond uit: Indonesië (31,6%), Thailand (18,8%), Maleisië (13,9%), Filipijnen (13,4%), Singapore (12,9%), en andere (9,4%). Het BNI per hoofd in Zuidoost-Azië onder de leiders: Singapore ($29.661,0), Maleisië ($5.482,9), Thailand ($2.892,4), Filipijnen ($1.567,3) en Indonesië ($1.405,5). De groei van het bruto nationaal inkomen onder de leiders: Indonesië (5,5%), Maleisië (5,3%), Filipijnen (5,1%), Singapore (4,6%) en Thailand (4,2%).

de jaren 2010

Het bruto nationaal inkomen van Zuidoost-Azië bedroeg in de jaren 2010 US$2,5 biljoen per jaar. Het aandeel in de wereld was 3,3%, en 9,2% in Azië.

Het BNI per hoofd in Zuidoost-Azië was $4.029,1 in de jaren 2010s, en was vergelijkbaar met Armenië (US$4,0 duizend), Kosovo (US$4,0 duizend), Jordanië (US$4,0 duizend). Het bruto nationaal inkomen per hoofd in Zuidoost-Azië was in 2,6 keer lager dan het bruto nationaal inkomen per hoofd van de bevolking in de wereld ($10.611,7), en was 35,3% lager dan het bruto nationaal inkomen per hoofd van de bevolking in Azië ($10.611,7).

De groei van het bruto nationaal inkomen in Zuidoost-Azië bedroeg 5.2% in de jaren 2010, en was vergelijkbaar met Senegal (5,2%), Azië (5,2%), Oeganda (5,2%). De groei van het BNI in Zuidoost-Azië (5,2%) was groter dan de groei van het BNI in de wereld (3,1%), was minder dan de groei van het BNI in Azië (5,2%).

Vergelijking met subregio's. Het bruto nationaal inkomen van Zuidoost-Azië was 9,0 keer groter dan in Centraal-Azië (US$280,7 miljard); maar 7,2 keer minder dan in Oost-Azië (US$18,3 biljoen), 22,4% minder dan in Zuid-Azië (US$3,3 biljoen) en 18,4% minder dan in Zuidwest-Azië (US$3,1 biljoen). Het BNI per hoofd in Zuidoost-Azië was in Zuidoost-Azië2,2 keer groter dan in Zuid-Azië (US$1.802,0); maar 3,0 keer minder dan in Zuidwest-Azië (US$12,2 duizend), 2,8 keer minder dan in Oost-Azië (US$11,1 duizend) en 2,5% minder dan in Centraal-Azië (US$4,1 duizend). De groei van het BNI in Zuidoost-Azië was groter dan in Zuidwest-Azië (3,9%); maar minder dan in Zuid-Azië (5,5%), in Centraal-Azië (5,4%) en in Oost-Azië (5,3%).

Leiders. Het BNI van Zuidoost-Azië in de jaren 2010 bestond uit: Indonesië (35,3%), Thailand (16,0%), Filipijnen (13,4%), Maleisië (12,1%), Singapore (11,7%), en andere (11,5%). Het bruto nationaal inkomen per hoofd in Zuidoost-Azië onder de leiders: Singapore ($53.572,4), Maleisië ($10.234,9), Thailand ($5.916,1), Indonesië ($3.495,9) en Filipijnen ($3.371,5). De groei van het bruto nationaal inkomen onder de leiders: Filipijnen (6,2%), Indonesië (5,6%), Maleisië (5,3%), Singapore (4,4%) en Thailand (3,5%).

Part II. Structuur

	de jaren 2010
landbouw	11,2%
industrie	30,5%
constructie	6,7%
handel	18,0%
vervoer	8,2%
diensten	25,4%

Hoofdstuk IV. Landbouw

Landbouw, jacht, bosbouw, vissen (ISIC A-B)

De landbouw van Zuidoost-Azië steeg van US$24,0 miljard per jaar in de jaren 1970 tot US$279,2 miljard per jaar in de jaren 2010, dat wil zeggen met US$255,2 miljard of 11,6 keer. De verandering vond plaats op US$194,8 miljard als gevolg van een 3,3-voudige stijging van de prijzen, en ook op US$36,5 miljard als gevolg van een 1,8-voudige toename van de productiviteit , evenals op US$24,0 miljard als gevolg van de toename van de bevolking. De gemiddelde jaarlijkse groei van de landbouw is 3,2%. De minimumwaarde van de landbouw bedroeg US$11,6 miljard in 1970. De maximumwaarde van de landbouw bedroeg US$307,1 miljard in 2019.

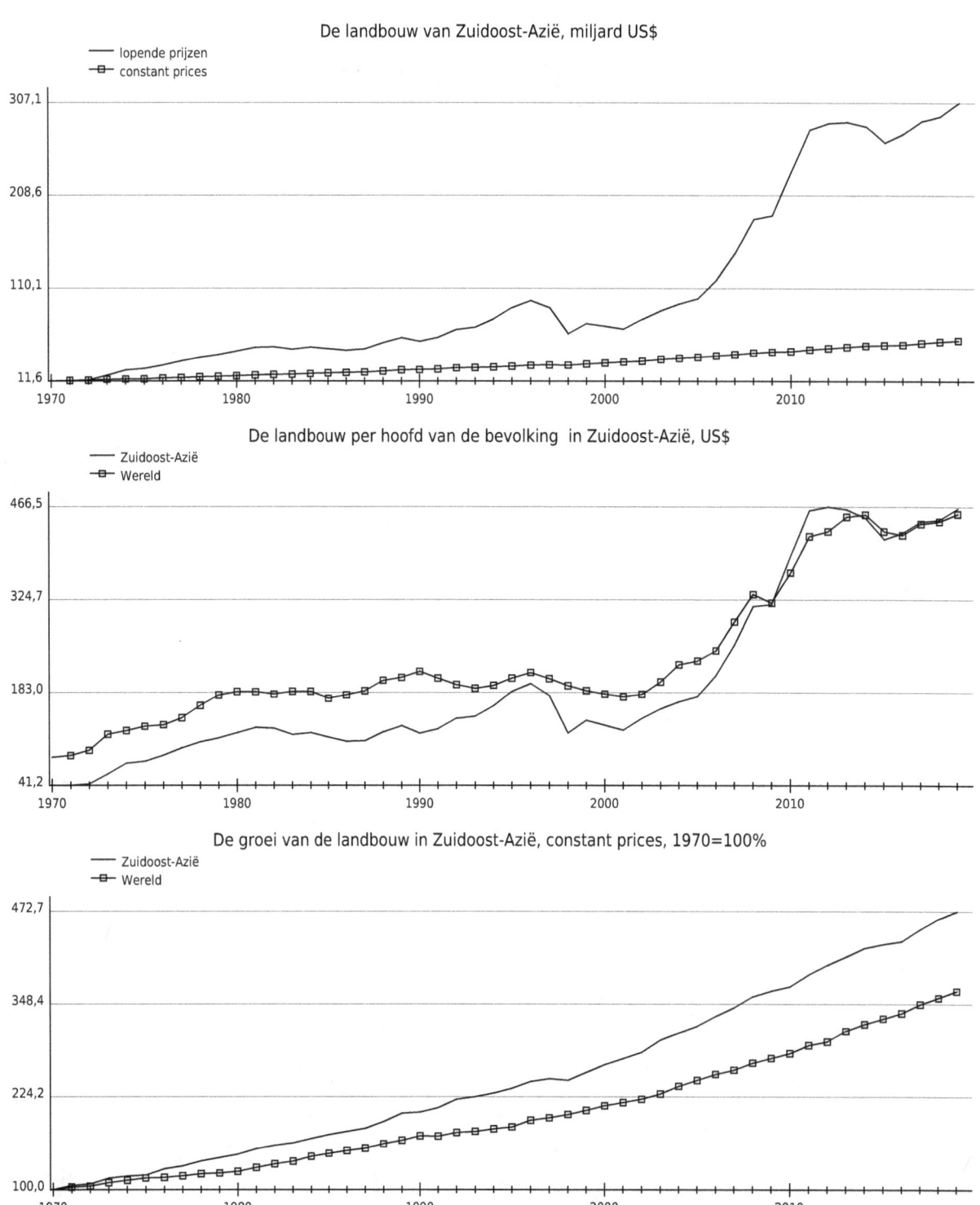

De landbouw van Zuidoost-Azië, miljard US$

De landbouw per hoofd van de bevolking in Zuidoost-Azië, US$

De groei van de landbouw in Zuidoost-Azië, constant prices, 1970=100%

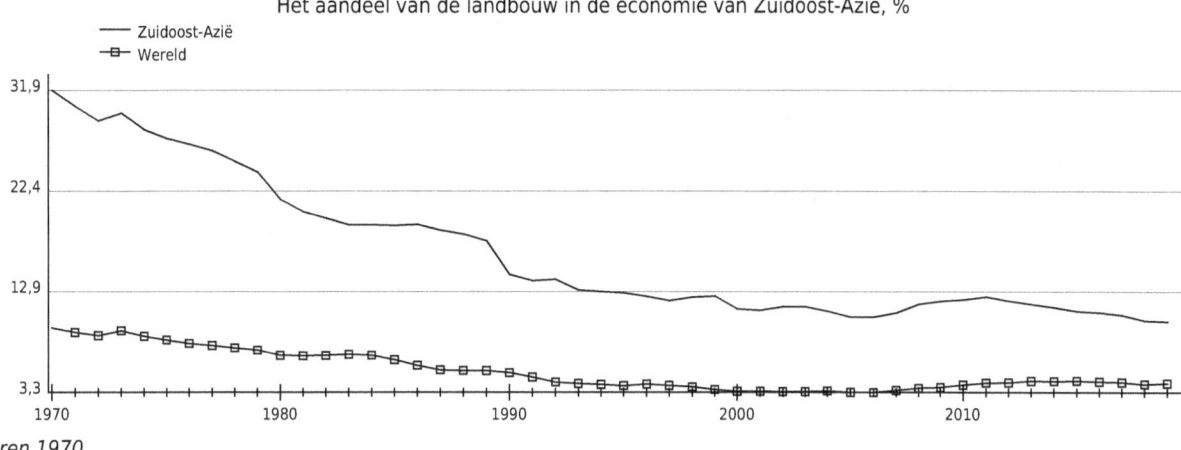

Het aandeel van de landbouw in de economie van Zuidoost-Azië, %

de jaren 1970

De waarde van de landbouw in Zuidoost-Azië bedroeg in de jaren 1970 US$24,0 miljard per jaar. Het aandeel in de wereld was 4,7%, en 13,5% in Azië.

Het aandeel van de landbouw in de economie van Zuidoost-Azië was 26,8% in de jaren 1970.

De landbouw per hoofd in Zuidoost-Azië was $76,1 in de jaren 1970s, en was vergelijkbaar met Rwanda (US$76,2), Azië (US$76,7), Chili (US$75,4). De toegevoegde waarde van de landbouw per hoofd in Zuidoost-Azië was 40,3% lager dan de landbouw per hoofd van de bevolking in de wereld ($127,6), en was 0,77% lager dan de landbouw per hoofd van de bevolking in Azië ($127,6).

De groei van de landbouw in Zuidoost-Azië bedroeg 4% in de jaren 1970, en was vergelijkbaar met de Filipijnen (4,0%), Mali (4,0%), Kenia (4,1%). De groei van de landbouw in Zuidoost-Azië (4,0%) was groter dan de groei van de landbouw in de wereld (2,2%), was groter dan de groei van de landbouw in Azië (2,0%).

Vergelijking met subregio's. De toegevoegde waarde van de landbouw in Zuidoost-Azië was groter dan in Zuidwest-Azië (US$17,5 miljard); maar minder dan in Oost-Azië (US$85,3 miljard) en in Zuid-Azië (US$51,3 miljard). De waarde van de landbouw per hoofd in Zuidoost-Azië was in Zuidoost-Azië groter dan in Zuid-Azië (US$62,2); maar minder dan in Zuidwest-Azië (US$207,7) en in Oost-Azië (US$77,8). De groei van de landbouw in Zuidoost-Azië was groter dan in Zuidwest-Azië (2,3%), in Oost-Azië (2,1%) en in Zuid-Azië (0,78%).

Leiders. De landbouw van Zuidoost-Azië in de jaren 1970 bestond uit: Indonesië (37,4%), Filipijnen (17,3%), Thailand (16,6%), Maleisië (11,7%), Vietnam (7,7%), en andere (9,2%). Het aandeel van de landbouw in economie van de leiders: Vietnam (38,8%), Indonesië (28,5%), Maleisië (28,1%), Filipijnen (25,5%) en Thailand (25,5%). De toegevoegde waarde van de landbouw per hoofd in Zuidoost-Azië onder de leiders: Maleisië ($233,8), Filipijnen ($101,8), Thailand ($95,6), Indonesië ($69,2) en Vietnam ($38,7). De groei van de landbouw onder de leiders: Maleisië (7,7%), Vietnam (4,7%), Thailand (4,2%), Filipijnen (4,0%) en Indonesië (3,7%).

de jaren 1980

De toegevoegde waarde van de landbouw in Zuidoost-Azië bedroeg in de jaren 1980 US$47,8 miljard per jaar. Het aandeel in de wereld was 5,3%, en 13,7% in Azië.

Het aandeel van de landbouw in de economie van Zuidoost-Azië was 19,2% in de jaren 1980, en was vergelijkbaar met West-Afrika (19,2%), Ecuador (19,2%), Centraal-Afrika (19,0%).

De landbouw per hoofd in Zuidoost-Azië was $120,5 in de jaren 1980s, en was vergelijkbaar met Kaapverdië (US$119,7), Burundi (US$119,5), Haïti (US$121,7). De waarde van de landbouw per hoofd in Zuidoost-Azië was 35,4% lager dan de landbouw per hoofd van de bevolking in de wereld ($186,6), en was 1,8% lager dan de landbouw per hoofd van de bevolking in Azië ($186,6).

De groei van de landbouw in Zuidoost-Azië bedroeg 3.6% in de jaren 1980, en was vergelijkbaar met Zuid-Afrika (3,6%). De groei van de landbouw in Zuidoost-Azië (3,6%) was groter dan de groei van de landbouw in de wereld (3,1%), was minder dan de groei van de landbouw in Azië (3,8%).

Vergelijking met subregio's. De toegevoegde waarde van de landbouw in Zuidoost-Azië was groter dan in Zuidwest-Azië (US$27,7 miljard); maar minder dan in Oost-Azië (US$166,2 miljard) en in Zuid-Azië (US$106,6 miljard). De sector van de landbouw per hoofd in

Zuidoost-Azië was in Zuidoost-Azië groter dan in Zuid-Azië (US$101,6); maar minder dan in Zuidwest-Azië (US$243,6) en in Oost-Azië (US$130,1). De groei van de landbouw in Zuidoost-Azië was groter dan in Zuidwest-Azië (2,2%); maar minder dan in Oost-Azië (4,0%) en in Zuid-Azië (3,9%).

Leiders. De landbouw van Zuidoost-Azië in de jaren 1980 bestond uit: Indonesië (40,7%), Thailand (17,4%), Filipijnen (16,5%), Maleisië (13,0%), Myanmar (6,6%), en andere (5,8%). Het aandeel van de landbouw in economie van de leiders: Myanmar (51,7%), Filipijnen (20,6%), Maleisië (20,2%), Indonesië (19,9%) en Thailand (17,8%). De waarde van de landbouw per hoofd in Zuidoost-Azië onder de leiders: Maleisië ($399,0), Thailand ($161,5), Filipijnen ($147,3), Indonesië ($118,7) en Myanmar ($84,2). De groei van de landbouw onder de leiders: Thailand (4,3%), Maleisië (3,9%), Indonesië (3,7%), Myanmar (1,6%) en Filipijnen (1,5%).

de jaren 1990

De waarde van de landbouw in Zuidoost-Azië bedroeg in de jaren 1990 US$73,5 miljard per jaar. Het aandeel in de wereld was 6,5%, en 14,0% in Azië.

Het aandeel van de landbouw in de economie van Zuidoost-Azië was 12,9% in de jaren 1990, en was vergelijkbaar met Tunesië (12,8%).

De waarde van de landbouw per hoofd in Zuidoost-Azië was $152,6 in de jaren 1990s, en was vergelijkbaar met Peru (US$152,8), Trinidad en Tobago (US$153,1), Soedan (US$153,4). De toegevoegde waarde van de landbouw per hoofd in Zuidoost-Azië was 23,6% lager dan de landbouw per hoofd van de bevolking in de wereld ($199,8), en was 0,67% hoger dan de landbouw per hoofd van de bevolking in Azië ($199,8).

De groei van de landbouw in Zuidoost-Azië bedroeg 2.4% in de jaren 1990, en was vergelijkbaar met Aruba (2,4%). De groei van de landbouw in Zuidoost-Azië (2,4%) was groter dan de groei van de landbouw in de wereld (2,2%), was minder dan de groei van de landbouw in Azië (3,2%).

Vergelijking met subregio's. De sector van de landbouw in Zuidoost-Azië was groter dan in Zuidwest-Azië (US$49,6 miljard) en in Centraal-Azië (US$12,7 miljard); maar minder dan in Oost-Azië (US$253,2 miljard) en in Zuid-Azië (US$136,3 miljard). De waarde van de landbouw per hoofd in Zuidoost-Azië was in Zuidoost-Azië groter dan in Zuid-Azië (US$104,1); maar minder dan in Zuidwest-Azië (US$301,5), in Centraal-Azië (US$241,3) en in Oost-Azië (US$173,9). De groei van de landbouw in Zuidoost-Azië was groter dan in Centraal-Azië (-3,4%); maar minder dan in Oost-Azië (3,2%), in Zuidwest-Azië (3,0%) en in Zuid-Azië (2,9%).

Leiders. De sector van de landbouw in Zuidoost-Azië in de jaren 1990 bestond uit: Indonesië (37,1%), Filipijnen (17,0%), Thailand (16,7%), Maleisië (12,8%), Vietnam (7,0%), en andere (9,4%). Het aandeel van de landbouw in economie van de leiders: Vietnam (25,6%), Filipijnen (17,6%), Indonesië (14,7%), Maleisië (12,5%) en Thailand (9,2%). De landbouw per hoofd in Zuidoost-Azië onder de leiders: Maleisië ($465,2), Thailand ($206,4), Filipijnen ($180,9), Indonesië ($139,2) en Vietnam ($69,1). De groei van de landbouw onder de leiders: Vietnam (4,1%), Thailand (2,6%), Indonesië (2,4%), Filipijnen (1,7%) en Maleisië (0,10%).

de jaren 2000

De waarde van de landbouw in Zuidoost-Azië bedroeg in de jaren 2000 US$113,0 miljard per jaar. Het aandeel in de wereld was 7,2%, en 14,1% in Azië.

Het aandeel van de landbouw in de economie van Zuidoost-Azië was 11,2% in de jaren 2000, en was vergelijkbaar met Swaziland (11,1%).

De sector van de landbouw per hoofd in Zuidoost-Azië was $202,7 in de jaren 2000s, en was vergelijkbaar met Azië (US$202,4), Mongolië (US$201,8), Peru (US$205,2). De toegevoegde waarde van de landbouw per hoofd in Zuidoost-Azië was 15,6% lager dan de landbouw per hoofd van de bevolking in de wereld ($240,3), en was 0,15% hoger dan de landbouw per hoofd van de bevolking in Azië ($240,3).

De groei van de landbouw in Zuidoost-Azië bedroeg 3.6% in de jaren 2000, en was vergelijkbaar met Egypte (3,6%), Rusland (3,6%), Gambia (3,6%). De groei van de landbouw in Zuidoost-Azië (3,6%) was groter dan de groei van de landbouw in de wereld (3,0%), was groter dan de groei van de landbouw in Azië (3,1%).

Vergelijking met subregio's. De landbouw van Zuidoost-Azië was groter dan in Zuidwest-Azië (US$73,1 miljard) en in Centraal-Azië (US$15,3 miljard); maar minder dan in Oost-Azië (US$387,3 miljard) en in Zuid-Azië (US$211,6 miljard). De landbouw per hoofd in Zuidoost-Azië was in Zuidoost-Azië groter dan in Zuid-Azië (US$134,4); maar minder dan in Zuidwest-Azië (US$358,2), in

Centraal-Azië (US$262,0) en in Oost-Azië (US$248,4). De groei van de landbouw in Zuidoost-Azië was groter dan in Oost-Azië (3,4%), in Zuid-Azië (2,3%) en in Zuidwest-Azië (1,8%); maar minder dan in Centraal-Azië (4,8%).

Leiders. De landbouw van Zuidoost-Azië in de jaren 2000 bestond uit: Indonesië (38,9%), Thailand (16,2%), Filipijnen (13,0%), Maleisië (11,8%), Vietnam (10,7%), en andere (9,4%). Het aandeel van de landbouw in economie van de leiders: Vietnam (19,9%), Indonesië (13,4%), Filipijnen (13,0%), Thailand (9,4%) en Maleisië (9,1%). De waarde van de landbouw per hoofd in Zuidoost-Azië onder de leiders: Maleisië ($523,3), Thailand ($281,0), Indonesië ($195,7), Filipijnen ($172,0) en Vietnam ($144,7). De groei van de landbouw onder de leiders: Vietnam (3,8%), Indonesië (3,4%), Maleisië (3,3%), Filipijnen (3,2%) en Thailand (2,9%).

de jaren 2010

De waarde van de landbouw in Zuidoost-Azië bedroeg in de jaren 2010 US$279,2 miljard per jaar. Het aandeel in de wereld was 8,8%, en 14,5% in Azië.

Het aandeel van de landbouw in de economie van Zuidoost-Azië was 11,2% in de jaren 2010, en was vergelijkbaar met Centraal-Afrika (11,2%).

De sector van de landbouw per hoofd in Zuidoost-Azië was $443,1 in de jaren 2010s, en was vergelijkbaar met Peru (US$440,6), Slowakije (US$439,9), Zuidwest-Azië (US$446,9). De toegevoegde waarde van de landbouw per hoofd in Zuidoost-Azië was 2,5% hoger dan de landbouw per hoofd van de bevolking in de wereld ($432,1), en was 1,5% hoger dan de landbouw per hoofd van de bevolking in Azië ($432,1).

De groei van de landbouw in Zuidoost-Azië bedroeg 2.6% in de jaren 2010, en was vergelijkbaar met Saoedi-Arabië (2,6%), Vietnam (2,6%). De groei van de landbouw in Zuidoost-Azië (2,6%) was minder dan de groei van de landbouw in de wereld (2,9%), was minder dan de groei van de landbouw in Azië (3,3%).

Vergelijking met subregio's. De landbouw van Zuidoost-Azië was 2,5 keer groter dan in Zuidwest-Azië (US$113,7 miljard) en 8,3 keer groter dan in Centraal-Azië (US$33,5 miljard); maar 3,5 keer minder dan in Oost-Azië (US$988,8 miljard) en 45,3% minder dan in Zuid-Azië (US$510,0 miljard). De sector van de landbouw per hoofd in Zuidoost-Azië was in Zuidoost-Azië57,8% groter dan in Zuid-Azië (US$280,8); maar 26,5% minder dan in Oost-Azië (US$602,9), 10,0% minder dan in Centraal-Azië (US$492,5) en 0,84% minder dan in Zuidwest-Azië (US$446,9). De groei van de landbouw in Zuidoost-Azië was groter dan in Zuidwest-Azië (2,2%); maar minder dan in Centraal-Azië (4,2%), in Zuid-Azië (3,8%) en in Oost-Azië (3,3%).

Leiders. De sector van de landbouw in Zuidoost-Azië in de jaren 2010 bestond uit: Indonesië (44,4%), Thailand (14,6%), Vietnam (11,3%), Filipijnen (10,6%), Maleisië (10,1%), en andere (9,0%). Het aandeel van de landbouw in economie van de leiders: Vietnam (18,5%), Indonesië (13,7%), Filipijnen (10,5%), Thailand (9,6%) en Maleisië (9,0%). De toegevoegde waarde van de landbouw per hoofd in Zuidoost-Azië onder de leiders: Maleisië ($935,6), Thailand ($595,0), Indonesië ($483,6), Vietnam ($341,3) en Filipijnen ($292,5). De groei van de landbouw onder de leiders: Indonesië (3,9%), Vietnam (2,6%), Maleisië (2,0%), Filipijnen (1,3%) en Thailand (0,96%).

Hoofdstuk V. Industrie

Mijnbouw, productie, nutsbedrijven (ISIC C-E)

De sector van de industrie in Zuidoost-Azië steeg van US$24,3 miljard per jaar in de jaren 1970 tot US$764,3 miljard per jaar in de jaren 2010, dat wil zeggen met US$739,9 miljard of 31,4 keer. De verandering vond plaats op US$572,3 miljard als gevolg van een 4,0-voudige stijging van de prijzen, en ook op US$143,4 miljard als gevolg van een 3,9-voudige toename van de productiviteit , evenals op US$24,3 miljard als gevolg van de toename van de bevolking. De gemiddelde jaarlijkse groei van de industrie is 5,6%. De minimumwaarde van de industrie bedroeg US$7,6 miljard in 1970. De maximumwaarde van de industrie bedroeg US$886,4 miljard in 2019.

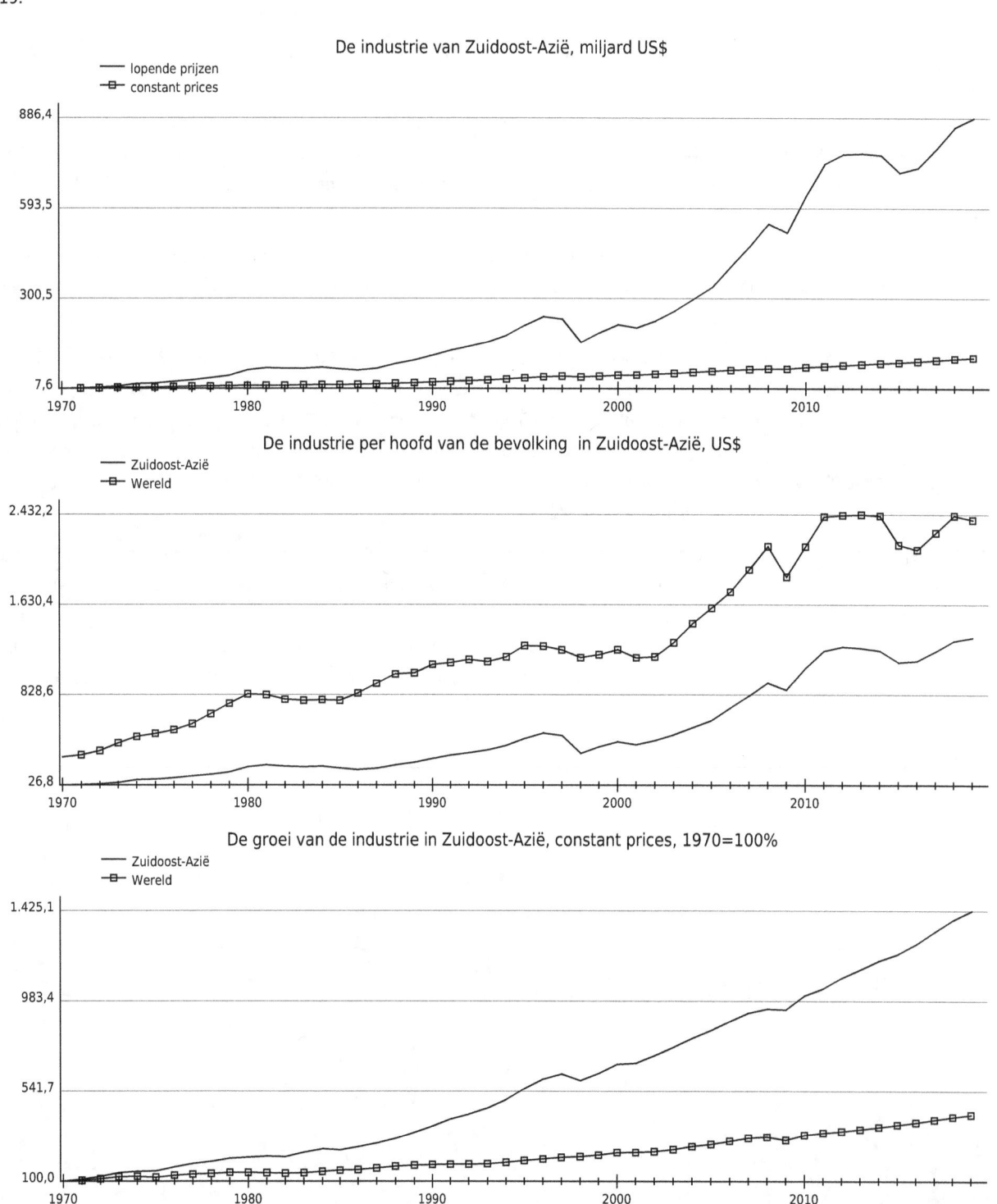

De industrie van Zuidoost-Azië, miljard US$

De industrie per hoofd van de bevolking in Zuidoost-Azië, US$

De groei van de industrie in Zuidoost-Azië, constant prices, 1970=100%

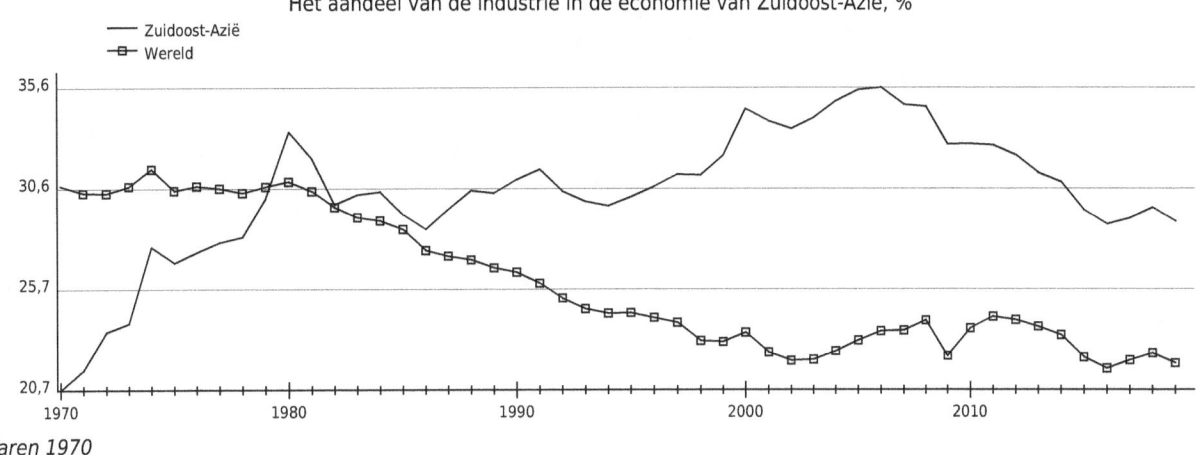

Het aandeel van de industrie in de economie van Zuidoost-Azië, %

de jaren 1970

De industrie van Zuidoost-Azië bedroeg in de jaren 1970 US$24,3 miljard per jaar. Het aandeel in de wereld was 1,3%, en 6,0% in Azië.

Het aandeel van de industrie in de economie van Zuidoost-Azië was 27,2% in de jaren 1970, en was vergelijkbaar met Ghana (27,1%), Sri Lanka (27,3%), Amerika (27,4%).

De toegevoegde waarde van de industrie per hoofd in Zuidoost-Azië was $77,2 in de jaren 1970s, en was vergelijkbaar met Palestina (US$76,9), Antigua en Barbuda (US$76,5), Belize (US$75,4). De sector van de industrie per hoofd in Zuidoost-Azië was in 6,2 keer lager dan de industrie per hoofd van de bevolking in de wereld ($480,5), en was in 2,3 keer lager dan de industrie per hoofd van de bevolking in Azië ($480,5).

De groei van de industrie in Zuidoost-Azië bedroeg 8.7% in de jaren 1970, en was vergelijkbaar met Hongkong (8,7%), Nigeria (8,7%). De groei van de industrie in Zuidoost-Azië (8,7%) was groter dan de groei van de industrie in de wereld (4,0%), was groter dan de groei van de industrie in Azië (5,7%).

Vergelijking met subregio's. De toegevoegde waarde van de industrie in Zuidoost-Azië was minder dan in Oost-Azië (US$267,6 miljard), in Zuidwest-Azië (US$68,4 miljard) en in Zuid-Azië (US$43,5 miljard). De waarde van de industrie per hoofd in Zuidoost-Azië was in Zuidoost-Azië groter dan in Zuid-Azië (US$52,7); maar minder dan in Zuidwest-Azië (US$809,8) en in Oost-Azië (US$244,2). De groei van de industrie in Zuidoost-Azië was groter dan in Zuidwest-Azië (8,0%), in Oost-Azië (5,6%) en in Zuid-Azië (-0,14%).

Leiders. De sector van de industrie in Zuidoost-Azië in de jaren 1970 bestond uit: Indonesië (34,6%), Filipijnen (20,9%), Thailand (15,2%), Maleisië (13,0%), Brunei (5,4%), en andere (10,9%). Het aandeel van de industrie in economie van de leiders: Brunei (89,5%), Maleisië (31,6%), Filipijnen (31,3%), Indonesië (26,7%) en Thailand (23,6%). De sector van de industrie per hoofd in Zuidoost-Azië onder de leiders: Brunei ($8.281,5), Maleisië ($262,9), Filipijnen ($124,7), Thailand ($88,5) en Indonesië ($64,8). De groei van de industrie onder de leiders: Thailand (10,8%), Brunei (9,6%), Indonesië (9,3%), Maleisië (8,0%) en Filipijnen (6,9%).

de jaren 1980

De industrie van Zuidoost-Azië bedroeg in de jaren 1980 US$75,8 miljard per jaar. Het aandeel in de wereld was 1,8%, en 7,0% in Azië.

Het aandeel van de industrie in de economie van Zuidoost-Azië was 30,4% in de jaren 1980, en was vergelijkbaar met Afrika (30,4%), Congo (30,4%), Bahrein (30,3%).

De industrie per hoofd in Zuidoost-Azië was $191,1 in de jaren 1980s, en was vergelijkbaar met Guatemala (US$192,4), Nicaragua (US$195,8). De sector van de industrie per hoofd in Zuidoost-Azië was in 4,5 keer lager dan de industrie per hoofd van de bevolking in de wereld ($861,8), en was 49,8% lager dan de industrie per hoofd van de bevolking in Azië ($861,8).

De groei van de industrie in Zuidoost-Azië bedroeg 4.8% in de jaren 1980. De groei van de industrie in Zuidoost-Azië (4,8%) was groter dan de groei van de industrie in de wereld (2,3%), was groter dan de groei van de industrie in Azië (3,5%).

Vergelijking met subregio's. De waarde van de industrie in Zuidoost-Azië was minder dan in Oost-Azië (US$776,4 miljard), in Zuidwest-Azië (US$142,0 miljard) en in Zuid-Azië (US$85,8 miljard). De sector van de industrie per hoofd in Zuidoost-Azië was in Zuidoost-Azië groter dan in Zuid-Azië (US$81,8); maar minder dan in Zuidwest-Azië (US$1.249,8) en in Oost-Azië (US$607,7). De groei van de industrie in Zuidoost-Azië was groter dan in Zuid-Azië (3,0%) en in Zuidwest-Azië (-1,9%); maar minder dan in Oost-Azië

(5,7%).

Leiders. De sector van de industrie in Zuidoost-Azië in de jaren 1980 bestond uit: Indonesië (39,5%), Thailand (16,8%), Filipijnen (16,0%), Maleisië (14,4%), Singapore (6,7%), en andere (6,6%). Het aandeel van de industrie in economie van de leiders: Maleisië (35,5%), Filipijnen (31,6%), Indonesië (30,7%), Thailand (27,2%) en Singapore (26,9%). De sector van de industrie per hoofd in Zuidoost-Azië onder de leiders: Singapore ($1.904,4), Maleisië ($701,8), Thailand ($247,4), Filipijnen ($226,0) en Indonesië ($182,6). De groei van de industrie onder de leiders: Thailand (9,1%), Singapore (7,0%), Maleisië (6,5%), Indonesië (5,5%) en Filipijnen (1,4%).

de jaren 1990

De sector van de industrie in Zuidoost-Azië bedroeg in de jaren 1990 US$176,1 miljard per jaar. Het aandeel in de wereld was 2,6%, en 7,9% in Azië.

Het aandeel van de industrie in de economie van Zuidoost-Azië was 30,9% in de jaren 1990, en was vergelijkbaar met Iran (30,9%), Zuidelijk Afrika (30,7%), Thailand (30,6%).

De toegevoegde waarde van de industrie per hoofd in Zuidoost-Azië was $365,8 in de jaren 1990s, en was vergelijkbaar met Montenegro (US$365,7), Noord-Afrika (US$372,5), Saint Lucia (US$373,4). De sector van de industrie per hoofd in Zuidoost-Azië was in 3,2 keer lager dan de industrie per hoofd van de bevolking in de wereld ($1.175,6), en was 42,8% lager dan de industrie per hoofd van de bevolking in Azië ($1.175,6).

De groei van de industrie in Zuidoost-Azië bedroeg 6.3% in de jaren 1990. De groei van de industrie in Zuidoost-Azië (6,3%) was groter dan de groei van de industrie in de wereld (2,5%), was groter dan de groei van de industrie in Azië (5,5%).

Vergelijking met subregio's. De waarde van de industrie in Zuidoost-Azië was groter dan in Zuid-Azië (US$133,4 miljard) en in Centraal-Azië (US$10,6 miljard); maar minder dan in Oost-Azië (US$1,7 biljoen) en in Zuidwest-Azië (US$207,7 miljard). De toegevoegde waarde van de industrie per hoofd in Zuidoost-Azië was in Zuidoost-Azië groter dan in Centraal-Azië (US$200,3) en in Zuid-Azië (US$101,9); maar minder dan in Zuidwest-Azië (US$1.262,7) en in Oost-Azië (US$1.159,5). De groei van de industrie in Zuidoost-Azië was groter dan in Oost-Azië (5,4%), in Zuid-Azië (5,0%), in Zuidwest-Azië (4,6%) en in Centraal-Azië (-3,5%).

Leiders. De toegevoegde waarde van de industrie in Zuidoost-Azië in de jaren 1990 bestond uit: Indonesië (34,7%), Thailand (23,0%), Maleisië (15,5%), Filipijnen (11,8%), Singapore (10,4%), en andere (4,6%). Het aandeel van de industrie in economie van de leiders: Maleisië (36,1%), Indonesië (32,8%), Thailand (30,6%), Filipijnen (29,2%) en Singapore (26,8%). De waarde van de industrie per hoofd in Zuidoost-Azië onder de leiders: Singapore ($5.276,6), Maleisië ($1.348,3), Thailand ($683,3), Indonesië ($311,9) en Filipijnen ($300,1). De groei van de industrie onder de leiders: Thailand (7,3%), Maleisië (7,2%), Singapore (6,8%), Indonesië (6,0%) en Filipijnen (2,5%).

de jaren 2000

De toegevoegde waarde van de industrie in Zuidoost-Azië bedroeg in de jaren 2000 US$346,9 miljard per jaar, en was vergelijkbaar met het Verenigd Koninkrijk (US$345,1 miljard). Het aandeel in de wereld was 3,4%, en 9,2% in Azië.

Het aandeel van de industrie in de economie van Zuidoost-Azië was 34,4% in de jaren 2000, en was vergelijkbaar met Wit-Rusland (34,2%).

De sector van de industrie per hoofd in Zuidoost-Azië was $622,3 in de jaren 2000s. De industrie per hoofd in Zuidoost-Azië was in 2,5 keer lager dan de industrie per hoofd van de bevolking in de wereld ($1.573,8), en was 34,6% lager dan de industrie per hoofd van de bevolking in Azië ($1.573,8).

De groei van de industrie in Zuidoost-Azië bedroeg 4.1% in de jaren 2000, en was vergelijkbaar met Afghanistan (4,1%). De groei van de industrie in Zuidoost-Azië (4,1%) was groter dan de groei van de industrie in de wereld (2,9%), was minder dan de groei van de industrie in Azië (5,7%).

Vergelijking met subregio's. De waarde van de industrie in Zuidoost-Azië was groter dan in Zuid-Azië (US$311,4 miljard) en in Centraal-Azië (US$28,1 miljard); maar minder dan in Oost-Azië (US$2,5 biljoen) en in Zuidwest-Azië (US$535,3 miljard). De sector van de industrie per hoofd in Zuidoost-Azië was in Zuidoost-Azië groter dan in Centraal-Azië (US$482,9) en in Zuid-Azië (US$197,8); maar minder dan in Zuidwest-Azië (US$2,6 duizend) en in Oost-Azië (US$1.629,7). De groei van de industrie in Zuidoost-Azië was groter dan in Zuidwest-Azië (2,8%); maar minder dan in Centraal-Azië (7,7%), in Oost-Azië (6,6%) en in Zuid-Azië (5,9%).

Leiders. De waarde van de industrie in Zuidoost-Azië in de jaren 2000 bestond uit: Indonesië (34,5%), Thailand (20,0%), Maleisië (17,7%), Singapore (9,9%), Filipijnen (9,2%), en andere (8,8%). Het aandeel van de industrie in economie van de leiders: Maleisië (42,1%), Indonesië (36,3%), Thailand (35,5%), Filipijnen (28,2%) en Singapore (27,0%). De toegevoegde waarde van de industrie per hoofd in Zuidoost-Azië onder de leiders: Singapore ($7.866,9), Maleisië ($2.414,1), Thailand ($1.066,3), Indonesië ($531,9) en Filipijnen ($373,2). De groei van de industrie onder de leiders: Thailand (4,9%), Singapore (4,4%), Filipijnen (3,5%), Indonesië (3,5%) en Maleisië (2,9%).

de jaren 2010

De waarde van de industrie in Zuidoost-Azië bedroeg in de jaren 2010 US$764,3 miljard per jaar, en was vergelijkbaar met Noord-Europa (US$780,4 miljard), Zuid-Amerika (US$780,8 miljard), Oost-Europa (US$746,0 miljard). Het aandeel in de wereld was 4,5%, en 9,4% in Azië.

Het aandeel van de industrie in de economie van Zuidoost-Azië was 30,5% in de jaren 2010, en was vergelijkbaar met Azië (30,5%), San Marino (30,4%), Tsjechië (30,6%).

De waarde van de industrie per hoofd in Zuidoost-Azië was $1.212,9 in de jaren 2010s, en was vergelijkbaar met Sint Maarten (US$1.209,4), Anguilla (US$1.202,1), Cuba (US$1.241,8). De waarde van de industrie per hoofd in Zuidoost-Azië was 47,7% lager dan de industrie per hoofd van de bevolking in de wereld ($2.320,9), en was 34,3% lager dan de industrie per hoofd van de bevolking in Azië ($2.320,9).

De groei van de industrie in Zuidoost-Azië bedroeg 4.2% in de jaren 2010, en was vergelijkbaar met Sri Lanka (4,2%), Kosovo (4,3%). De groei van de industrie in Zuidoost-Azië (4,2%) was groter dan de groei van de industrie in de wereld (3,5%), was minder dan de groei van de industrie in Azië (5,6%).

Vergelijking met subregio's. De toegevoegde waarde van de industrie in Zuidoost-Azië was 8,0% groter dan in Zuid-Azië (US$707,6 miljard) en 8,9 keer groter dan in Centraal-Azië (US$86,0 miljard); maar 7,2 keer minder dan in Oost-Azië (US$5,5 biljoen) en 30,2% minder dan in Zuidwest-Azië (US$1,1 biljoen). De waarde van de industrie per hoofd in Zuidoost-Azië was in Zuidoost-Azië3,1 keer groter dan in Zuid-Azië (US$389,6); maar 3,6 keer minder dan in Zuidwest-Azië (US$4,3 duizend), 2,8 keer minder dan in Oost-Azië (US$3,3 duizend) en 4,2% minder dan in Centraal-Azië (US$1.266,1). De groei van de industrie in Zuidoost-Azië was groter dan in Zuidwest-Azië (3,4%); maar minder dan in Oost-Azië (6,1%), in Zuid-Azië (5,9%) en in Centraal-Azië (4,8%).

Leiders. De sector van de industrie in Zuidoost-Azië in de jaren 2010 bestond uit: Indonesië (38,1%), Thailand (18,8%), Maleisië (14,4%), Filipijnen (9,0%), Singapore (8,4%), en andere (11,4%). Het aandeel van de industrie in economie van de leiders: Maleisië (35,0%), Thailand (33,9%), Indonesië (32,1%), Filipijnen (24,2%) en Singapore (21,5%). De waarde van de industrie per hoofd in Zuidoost-Azië onder de leiders: Singapore ($11.560,4), Maleisië ($3.651,7), Thailand ($2.098,5), Indonesië ($1.133,8) en Filipijnen ($677,8). De groei van de industrie onder de leiders: Filipijnen (6,6%), Singapore (5,1%), Maleisië (4,1%), Indonesië (3,8%) en Thailand (2,6%).

Hoofdstuk 5.1. Fabricage

(ISIC D)

De waarde van de fabricage in Zuidoost-Azië steeg van US$15,3 miljard per jaar in de jaren 1970 tot US$547,2 miljard per jaar in de jaren 2010, dat wil zeggen met US$532,0 miljard of 35,9 keer. De verandering vond plaats op US$365,4 miljard als gevolg van een 3,0-voudige stijging van de prijzen, en ook op US$151,4 miljard als gevolg van een 6,0-voudige toename van de productiviteit , evenals op US$15,2 miljard als gevolg van de toename van de bevolking. De gemiddelde jaarlijkse groei van de fabricage is 6,6%. De minimumwaarde van de fabricage bedroeg US$5,8 miljard in 1970. De maximumwaarde van de fabricage bedroeg US$654,2 miljard in 2019.

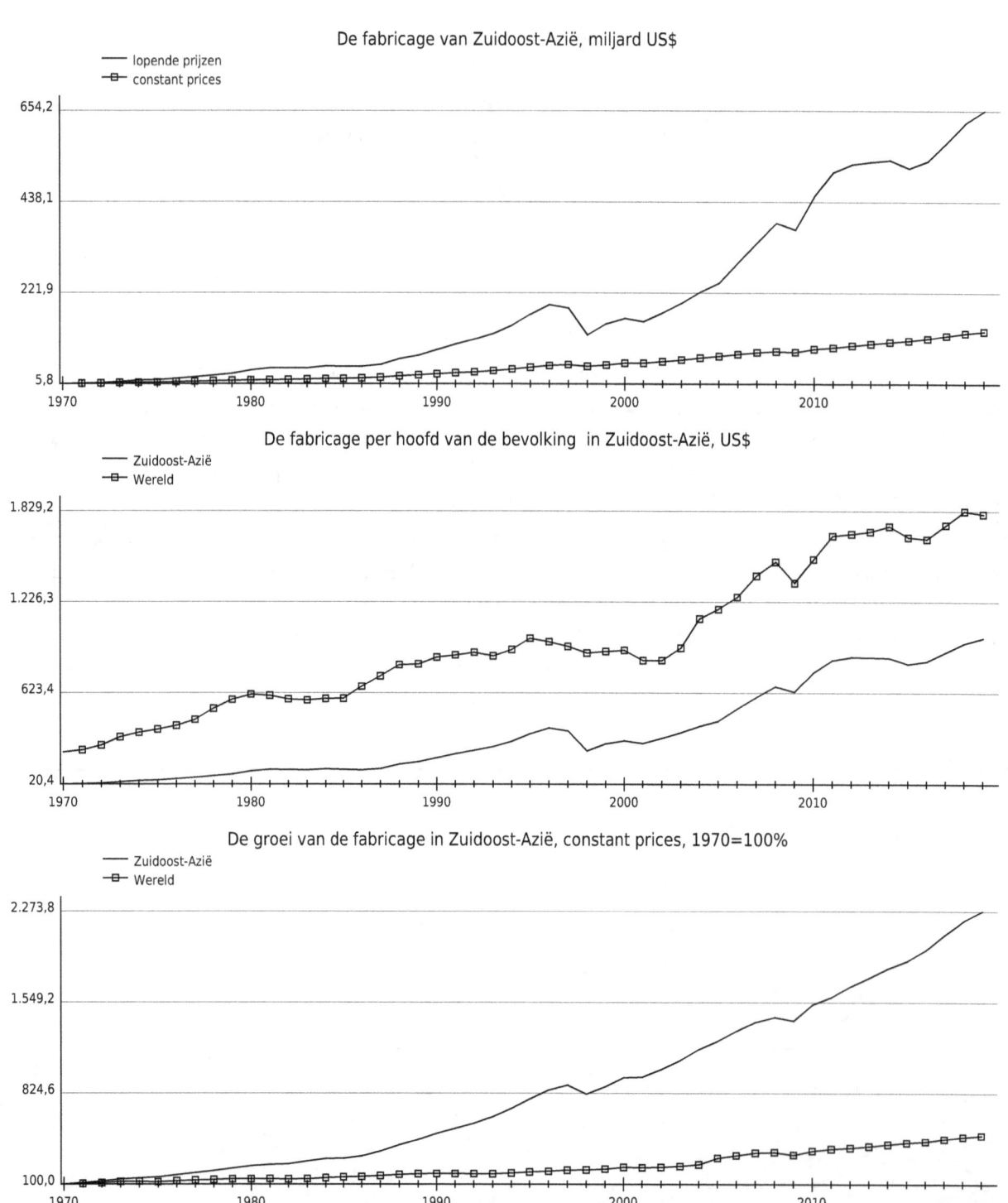

De fabricage van Zuidoost-Azië, miljard US$

De fabricage per hoofd van de bevolking in Zuidoost-Azië, US$

De groei van de fabricage in Zuidoost-Azië, constant prices, 1970=100%

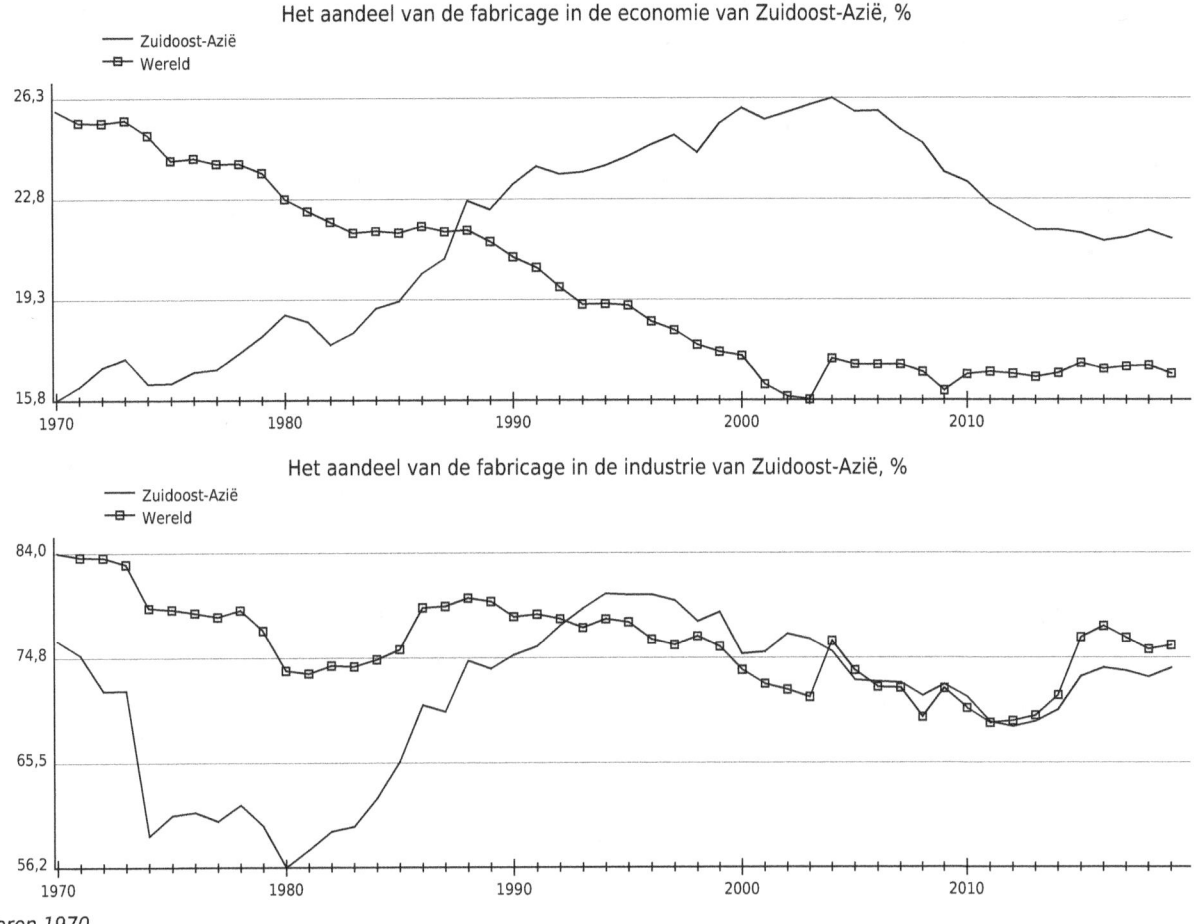

Het aandeel van de fabricage in de economie van Zuidoost-Azië, %

Het aandeel van de fabricage in de industrie van Zuidoost-Azië, %

de jaren 1970

De fabricage van Zuidoost-Azië bedroeg in de jaren 1970 US$15,3 miljard per jaar, en was vergelijkbaar met Argentinië (US$15,4 miljard), Polen (US$15,0 miljard), India (US$15,6 miljard). Het aandeel in de wereld was 0,99%, en 6,3% in Azië.

Het aandeel van de fabricage in de economie van Zuidoost-Azië was 17,0% in de jaren 1970, en was vergelijkbaar met Egypte (17,0%), Kenia (17,2%), Griekenland (17,2%).

De toegevoegde waarde van de fabricage per hoofd in Zuidoost-Azië was $48,3 in de jaren 1970s, en was vergelijkbaar met Djibouti (US$48,0). De sector van de fabricage per hoofd in Zuidoost-Azië was in 7,9 keer lager dan de fabricage per hoofd van de bevolking in de wereld ($383,2), en was in 2,2 keer lager dan de fabricage per hoofd van de bevolking in Azië ($383,2).

De groei van de fabricage in Zuidoost-Azië bedroeg 9.5% in de jaren 1970, en was vergelijkbaar met Qatar (9,5%), Koeweit (9,5%), de Kaaimaneilanden (9,5%). De groei van de fabricage in Zuidoost-Azië (9,5%) was groter dan de groei van de fabricage in de wereld (3,8%), was groter dan de groei van de fabricage in Azië (5,6%).

Vergelijking met subregio's. De fabricage van Zuidoost-Azië was minder dan in Oost-Azië (US$184,6 miljard), in Zuid-Azië (US$23,9 miljard) en in Zuidwest-Azië (US$19,7 miljard). De sector van de fabricage per hoofd in Zuidoost-Azië was in Zuidoost-Azië groter dan in Zuid-Azië (US$29,0); maar minder dan in Zuidwest-Azië (US$233,3) en in Oost-Azië (US$168,5). De groei van de fabricage in Zuidoost-Azië was groter dan in Zuidwest-Azië (5,9%), in Oost-Azië (5,2%) en in Zuid-Azië (4,8%).

Leiders. De sector van de fabricage in Zuidoost-Azië in de jaren 1970 bestond uit: Filipijnen (29,5%), Indonesië (21,1%), Thailand (20,0%), Maleisië (12,5%), Singapore (7,8%), en andere (9,0%). Het aandeel van de fabricage in economie van de leiders: Filipijnen (27,7%), Singapore (23,3%), Thailand (19,5%), Maleisië (19,0%) en Indonesië (10,2%). De toegevoegde waarde van de fabricage per hoofd in Zuidoost-Azië onder de leiders: Singapore ($530,6), Maleisië ($158,1), Filipijnen ($110,4), Thailand ($73,2) en Indonesië ($24,8). De groei van de fabricage onder de leiders: Indonesië (13,8%), Maleisië (12,7%), Singapore (11,0%), Thailand (10,9%) en Filipijnen (6,3%).

de jaren 1980

De sector van de fabricage in Zuidoost-Azië bedroeg in de jaren 1980 US$49,6 miljard per jaar, en was vergelijkbaar met Zuidwest-Azië (US$50,0 miljard). Het aandeel in de wereld was 1,6%, en 6,8% in Azië.

Het aandeel van de fabricage in de economie van Zuidoost-Azië was 19,9% in de jaren 1980, en was vergelijkbaar met Noord-Europa (19,9%), Mozambique (20,1%), het Verenigd Koninkrijk (19,7%).

De fabricage per hoofd in Zuidoost-Azië was $125,1 in de jaren 1980s, en was vergelijkbaar met Aruba (US$124,2), Palestina (US$124,1), Ivoorkust (US$124,1). De waarde van de fabricage per hoofd in Zuidoost-Azië was in 5,3 keer lager dan de fabricage per hoofd van de bevolking in de wereld ($661,2), en was in 2,1 keer lager dan de fabricage per hoofd van de bevolking in Azië ($661,2).

De groei van de fabricage in Zuidoost-Azië bedroeg 7.3% in de jaren 1980, en was vergelijkbaar met Tunesië (7,2%). De groei van de fabricage in Zuidoost-Azië (7,3%) was groter dan de groei van de fabricage in de wereld (2,6%), was groter dan de groei van de fabricage in Azië (5,4%).

Vergelijking met subregio's. De toegevoegde waarde van de fabricage in Zuidoost-Azië was minder dan in Oost-Azië (US$569,9 miljard), in Zuid-Azië (US$58,4 miljard) en in Zuidwest-Azië (US$50,0 miljard). De toegevoegde waarde van de fabricage per hoofd in Zuidoost-Azië was in Zuidoost-Azië groter dan in Zuid-Azië (US$55,6); maar minder dan in Oost-Azië (US$446,1) en in Zuidwest-Azië (US$440,1). De groei van de fabricage in Zuidoost-Azië was groter dan in Zuid-Azië (6,1%), in Zuidwest-Azië (5,2%) en in Oost-Azië (5,0%).

Leiders. De toegevoegde waarde van de fabricage in Zuidoost-Azië in de jaren 1980 bestond uit: Indonesië (31,0%), Thailand (22,1%), Filipijnen (20,6%), Maleisië (12,8%), Singapore (9,4%), en andere (4,2%). Het aandeel van de fabricage in economie van de leiders: Filipijnen (26,7%), Singapore (24,7%), Thailand (23,4%), Maleisië (20,6%) en Indonesië (15,8%). De fabricage per hoofd in Zuidoost-Azië onder de leiders: Singapore ($1.743,4), Maleisië ($408,0), Thailand ($212,1), Filipijnen ($190,7) en Indonesië ($93,9). De groei van de fabricage onder de leiders: Indonesië (13,2%), Maleisië (8,7%), Thailand (8,6%), Singapore (7,0%) en Filipijnen (1,0%).

de jaren 1990

De fabricage van Zuidoost-Azië bedroeg in de jaren 1990 US$138,9 miljard per jaar. Het aandeel in de wereld was 2,7%, en 8,8% in Azië.

Het aandeel van de fabricage in de economie van Zuidoost-Azië was 24,3% in de jaren 1990, en was vergelijkbaar met Liechtenstein (24,3%), Japan (24,3%), de Caraïben (24,4%).

De waarde van de fabricage per hoofd in Zuidoost-Azië was $288,6 in de jaren 1990s, en was vergelijkbaar met Iran (US$290,3), Belize (US$282,8), Peru (US$294,9). De fabricage per hoofd in Zuidoost-Azië was in 3,1 keer lager dan de fabricage per hoofd van de bevolking in de wereld ($908,4), en was 36,7% lager dan de fabricage per hoofd van de bevolking in Azië ($908,4).

De groei van de fabricage in Zuidoost-Azië bedroeg 6.8% in de jaren 1990, en was vergelijkbaar met Bangladesh (6,7%), Singapore (6,8%). De groei van de fabricage in Zuidoost-Azië (6,8%) was groter dan de groei van de fabricage in de wereld (2,0%), was groter dan de groei van de fabricage in Azië (3,5%).

Vergelijking met subregio's. De sector van de fabricage in Zuidoost-Azië was groter dan in Zuidwest-Azië (US$102,5 miljard), in Zuid-Azië (US$92,7 miljard) en in Centraal-Azië (US$6,8 miljard); maar minder dan in Oost-Azië (US$1,2 biljoen). De sector van de fabricage per hoofd in Zuidoost-Azië was in Zuidoost-Azië groter dan in Centraal-Azië (US$128,0) en in Zuid-Azië (US$70,8); maar minder dan in Oost-Azië (US$851,3) en in Zuidwest-Azië (US$623,3). De groei van de fabricage in Zuidoost-Azië was groter dan in Zuid-Azië (5,9%), in Zuidwest-Azië (4,4%), in Oost-Azië (2,1%) en in Centraal-Azië (-4,0%).

Leiders. De sector van de fabricage in Zuidoost-Azië in de jaren 1990 bestond uit: Indonesië (32,0%), Thailand (25,3%), Maleisië (14,5%), Filipijnen (12,7%), Singapore (12,3%), en andere (3,3%). Het aandeel van de fabricage in economie van de leiders: Thailand (26,5%), Maleisië (26,5%), Singapore (24,9%), Filipijnen (24,8%) en Indonesië (23,9%). De toegevoegde waarde van de fabricage per hoofd in Zuidoost-Azië onder de leiders: Singapore ($4.910,3), Maleisië ($990,2), Thailand ($592,2), Filipijnen ($254,8) en Indonesië ($227,2). De groei van de fabricage onder de leiders: Maleisië (9,7%), Indonesië (7,4%), Thailand (6,9%), Singapore (6,8%) en Filipijnen (2,3%).

de jaren 2000

De fabricage van Zuidoost-Azië bedroeg in de jaren 2000 US$255,0 miljard per jaar, en was vergelijkbaar met Frankrijk (US$256,2 miljard), het Verenigd Koninkrijk (US$250,0 miljard). Het aandeel in de wereld was 3,4%, en 9,8% in Azië.

Het aandeel van de fabricage in de economie van Zuidoost-Azië was 25,3% in de jaren 2000, en was vergelijkbaar met Singapore (25,3%).

De fabricage per hoofd in Zuidoost-Azië was $457,3 in de jaren 2000s, en was vergelijkbaar met Peru (US$457,3), Jordanië (US$462,9), de Turks- en Caicoseilanden (US$449,9). De waarde van de fabricage per hoofd in Zuidoost-Azië was in 2,5 keer lager dan de fabricage per hoofd van de bevolking in de wereld ($1.138,1), en was 30,6% lager dan de fabricage per hoofd van de bevolking in Azië ($1.138,1).

De groei van de fabricage in Zuidoost-Azië bedroeg 4.8% in de jaren 2000, en was vergelijkbaar met Jemen (4,9%), Oost-Europa (4,9%). De groei van de fabricage in Zuidoost-Azië (4,8%) was groter dan de groei van de fabricage in de wereld (4,2%), was minder dan de groei van de fabricage in Azië (10,5%).

Vergelijking met subregio's. De sector van de fabricage in Zuidoost-Azië was groter dan in Zuid-Azië (US$202,0 miljard), in Zuidwest-Azië (US$175,0 miljard) en in Centraal-Azië (US$15,3 miljard); maar minder dan in Oost-Azië (US$2,0 biljoen). De toegevoegde waarde van de fabricage per hoofd in Zuidoost-Azië was in Zuidoost-Azië groter dan in Centraal-Azië (US$262,8) en in Zuid-Azië (US$128,3); maar minder dan in Oost-Azië (US$1.255,9) en in Zuidwest-Azië (US$857,6). De groei van de fabricage in Zuidoost-Azië was groter dan in Zuidwest-Azië (4,2%); maar minder dan in Oost-Azië (12,8%), in Zuid-Azië (7,7%) en in Centraal-Azië (7,0%).

Leiders. De sector van de fabricage in Zuidoost-Azië in de jaren 2000 bestond uit: Indonesië (32,3%), Thailand (22,7%), Maleisië (15,5%), Singapore (12,6%), Filipijnen (10,4%), en andere (6,5%). Het aandeel van de fabricage in economie van de leiders: Thailand (29,6%), Maleisië (27,1%), Singapore (25,3%), Indonesië (25,0%) en Filipijnen (23,4%). De fabricage per hoofd in Zuidoost-Azië onder de leiders: Singapore ($7.368,1), Maleisië ($1.556,7), Thailand ($889,4), Indonesië ($365,7) en Filipijnen ($309,7). De groei van de fabricage onder de leiders: Thailand (4,7%), Indonesië (4,6%), Singapore (4,4%), Maleisië (4,2%) en Filipijnen (3,2%).

de jaren 2010

De toegevoegde waarde van de fabricage in Zuidoost-Azië bedroeg in de jaren 2010 US$547,2 miljard per jaar, en was vergelijkbaar met Noord-Europa (US$535,3 miljard). Het aandeel in de wereld was 4,4%, en 8,9% in Azië.

Het aandeel van de fabricage in de economie van Zuidoost-Azië was 21,9% in de jaren 2010, en was vergelijkbaar met Myanmar (21,7%).

De fabricage per hoofd in Zuidoost-Azië was $868,4 in de jaren 2010s, en was vergelijkbaar met de Britse Maagdeneilanden (US$869,1), Colombia (US$857,5). De fabricage per hoofd in Zuidoost-Azië was 48,8% lager dan de fabricage per hoofd van de bevolking in de wereld ($1.697,4), en was 38,0% lager dan de fabricage per hoofd van de bevolking in Azië ($1.697,4).

De groei van de fabricage in Zuidoost-Azië bedroeg 4.9% in de jaren 2010, en was vergelijkbaar met Noord-Macedonië (4,9%), Groenland (5,0%). De groei van de fabricage in Zuidoost-Azië (4,9%) was groter dan de groei van de fabricage in de wereld (3,9%), was minder dan de groei van de fabricage in Azië (6,0%).

Vergelijking met subregio's. De toegevoegde waarde van de fabricage in Zuidoost-Azië was 13,3% groter dan in Zuid-Azië (US$483,0 miljard), 52,1% groter dan in Zuidwest-Azië (US$359,7 miljard) en 11,1 keer groter dan in Centraal-Azië (US$49,1 miljard); maar 8,7 keer minder dan in Oost-Azië (US$4,7 biljoen). De waarde van de fabricage per hoofd in Zuidoost-Azië was in Zuidoost-Azië20,1% groter dan in Centraal-Azië (US$723,2) en 3,3 keer groter dan in Zuid-Azië (US$265,9); maar 3,3 keer minder dan in Oost-Azië (US$2,9 duizend) en 38,6% minder dan in Zuidwest-Azië (US$1.414,1). De groei van de fabricage in Zuidoost-Azië was groter dan in Zuidwest-Azië (4,4%); maar minder dan in Zuid-Azië (6,4%), in Centraal-Azië (6,3%) en in Oost-Azië (6,2%).

Leiders. De fabricage van Zuidoost-Azië in de jaren 2010 bestond uit: Indonesië (35,5%), Thailand (21,6%), Maleisië (13,0%), Singapore (10,9%), Filipijnen (10,3%), en andere (8,7%). Het aandeel van de fabricage in economie van de leiders: Thailand (27,8%), Maleisië (22,7%), Indonesië (21,5%), Singapore (20,1%) en Filipijnen (19,9%). De toegevoegde waarde van de fabricage per hoofd in Zuidoost-Azië onder de leiders: Singapore ($10.814,6), Maleisië ($2.364,2), Thailand ($1.723,9), Indonesië ($756,8) en Filipijnen ($557,4). De groei van de fabricage onder de leiders: Filipijnen (6,9%), Maleisië (5,5%), Singapore (5,3%), Indonesië (4,6%) en Thailand (2,7%).

Hoofdstuk VI. Constructie

(ISIC F)

De bouw van Zuidoost-Azië steeg van US$4,3 miljard per jaar in de jaren 1970 tot US$168,2 miljard per jaar in de jaren 2010, dat wil zeggen met US$163,8 miljard of 38,9 keer. De verandering vond plaats op US$129,9 miljard als gevolg van een 4,4-voudige stijging van de prijzen, en ook op US$29,6 miljard als gevolg van een 4,4-voudige toename van de productiviteit , evenals op US$4,3 miljard als gevolg van de toename van de bevolking. De gemiddelde jaarlijkse groei van de constructie is 6,3%. De minimumwaarde van de constructie bedroeg US$1,4 miljard in 1970. De maximumwaarde van de constructie bedroeg US$219,9 miljard in 2019.

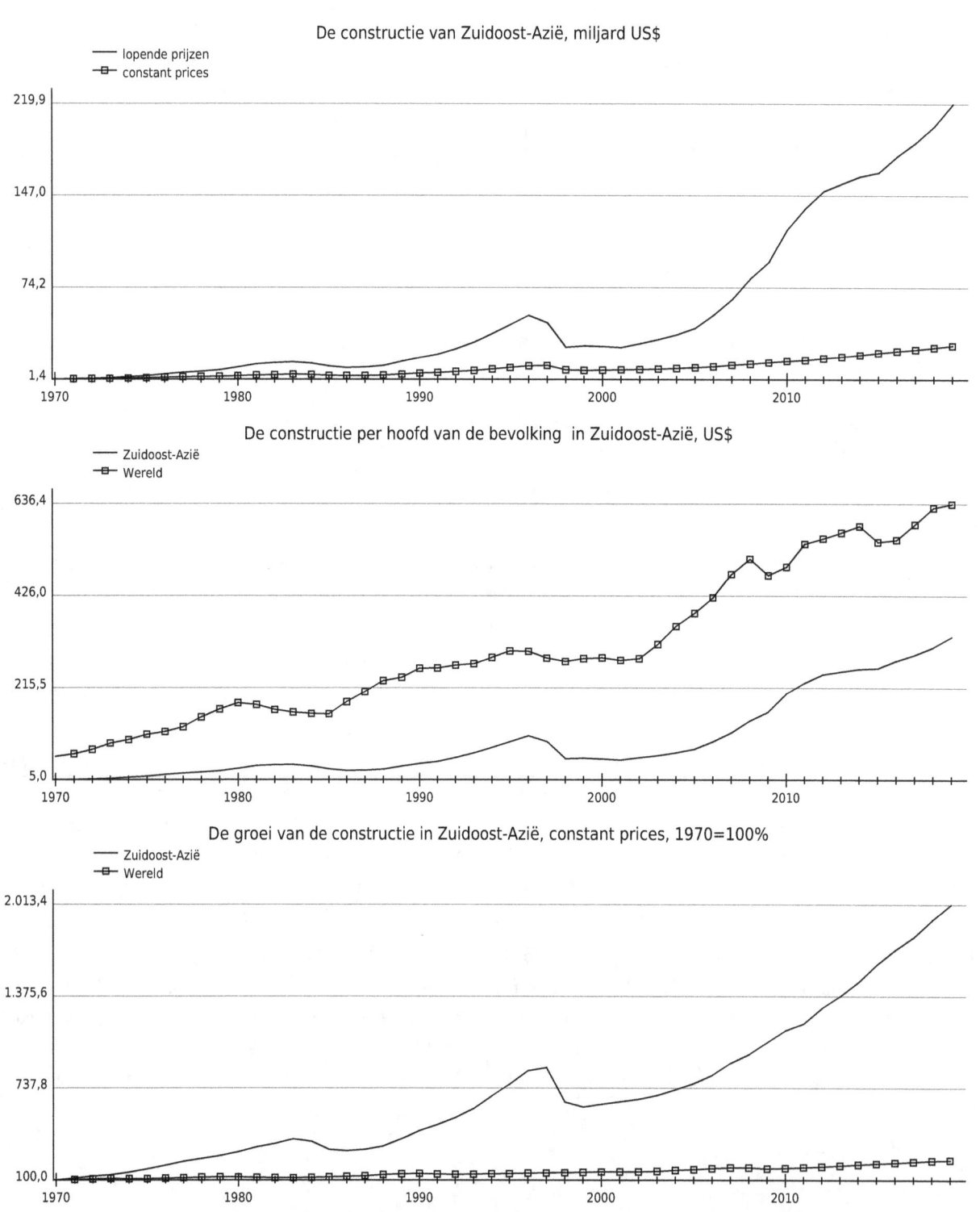

De constructie van Zuidoost-Azië, miljard US$

De constructie per hoofd van de bevolking in Zuidoost-Azië, US$

De groei van de constructie in Zuidoost-Azië, constant prices, 1970=100%

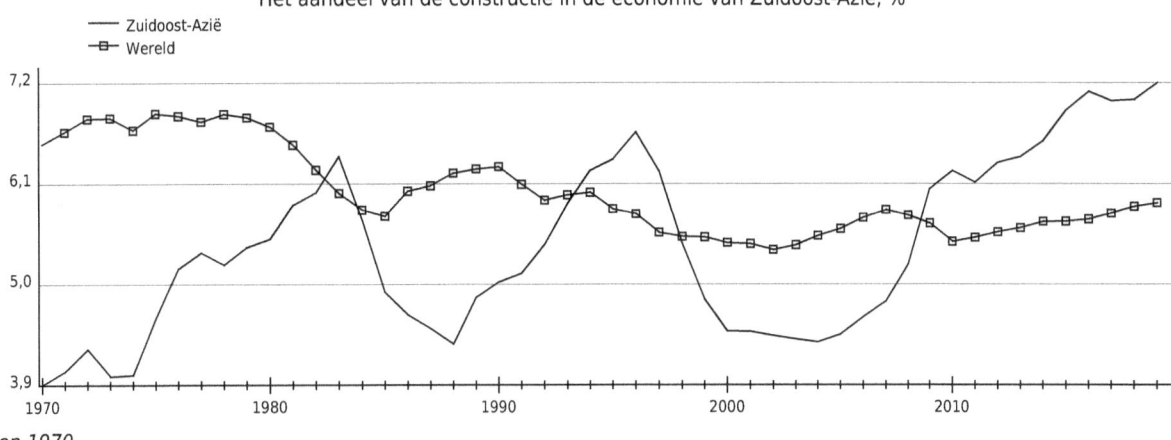

Het aandeel van de constructie in de economie van Zuidoost-Azië, %

de jaren 1970

De waarde van de constructie in Zuidoost-Azië bedroeg in de jaren 1970 US$4,3 miljard per jaar, en was vergelijkbaar met Zweden (US$4,3 miljard), India (US$4,3 miljard), België (US$4,3 miljard). Het aandeel in de wereld was 1,0%, en 5,4% in Azië.

Het aandeel van de constructie in de economie van Zuidoost-Azië was 4,8% in de jaren 1970, en was vergelijkbaar met Zuidelijk Afrika (4,8%), Namibië (4,8%), Zuid-Afrika (4,8%).

De sector van de constructie per hoofd in Zuidoost-Azië was $13,7 in de jaren 1970s. De waarde van de constructie per hoofd in Zuidoost-Azië was in 7,7 keer lager dan de constructie per hoofd van de bevolking in de wereld ($106,1), en was in 2,5 keer lager dan de constructie per hoofd van de bevolking in Azië ($106,1).

De groei van de constructie in Zuidoost-Azië bedroeg 11.5% in de jaren 1970, en was vergelijkbaar met Costa Rica (11,5%). De groei van de constructie in Zuidoost-Azië (11,5%) was groter dan de groei van de constructie in de wereld (2,1%), was groter dan de groei van de constructie in Azië (5,1%).

Vergelijking met subregio's. De sector van de constructie in Zuidoost-Azië was minder dan in Oost-Azië (US$53,3 miljard), in Zuidwest-Azië (US$12,4 miljard) en in Zuid-Azië (US$9,9 miljard). De toegevoegde waarde van de constructie per hoofd in Zuidoost-Azië was in Zuidoost-Azië groter dan in Zuid-Azië (US$12.0); maar minder dan in Zuidwest-Azië (US$146,6) en in Oost-Azië (US$48,6). De groei van de constructie in Zuidoost-Azië was groter dan in Zuidwest-Azië (10,4%), in Zuid-Azië (5,7%) en in Oost-Azië (4,0%).

Leiders. De bouw van Zuidoost-Azië in de jaren 1970 bestond uit: Indonesië (31,0%), Filipijnen (28,7%), Thailand (16,6%), Maleisië (10,0%), Singapore (8,4%), en andere (5,3%). Het aandeel van de constructie in economie van de leiders: Filipijnen (7,6%), Singapore (7,1%), Thailand (4,6%), Maleisië (4,3%) en Indonesië (4,3%). De sector van de constructie per hoofd in Zuidoost-Azië onder de leiders: Singapore ($162,0), Maleisië ($35,8), Filipijnen ($30,4), Thailand ($17,2) en Indonesië ($10,3). De groei van de constructie onder de leiders: Indonesië (16,4%), Filipijnen (13,6%), Maleisië (11,2%), Singapore (5,1%) en Thailand (5,1%).

de jaren 1980

De waarde van de constructie in Zuidoost-Azië bedroeg in de jaren 1980 US$13,0 miljard per jaar. Het aandeel in de wereld was 1,4%, en 5,5% in Azië.

Het aandeel van de constructie in de economie van Zuidoost-Azië was 5,2% in de jaren 1980, en was vergelijkbaar met Marokko (5,2%), Costa Rica (5,2%), Nigeria (5,2%).

De toegevoegde waarde van de constructie per hoofd in Zuidoost-Azië was $32,8 in de jaren 1980s, en was vergelijkbaar met Papoea-Nieuw-Guinea (US$33,2). De toegevoegde waarde van de constructie per hoofd in Zuidoost-Azië was in 5,7 keer lager dan de constructie per hoofd van de bevolking in de wereld ($186,2), en was in 2,5 keer lager dan de constructie per hoofd van de bevolking in Azië ($186,2).

De groei van de constructie in Zuidoost-Azië bedroeg 3.8% in de jaren 1980, en was vergelijkbaar met Hongkong (3,7%), Portugal (3,7%), Singapore (3,8%). De groei van de constructie in Zuidoost-Azië (3,8%) was groter dan de groei van de constructie in de wereld (1,7%), was groter dan de groei van de constructie in Azië (2,7%).

Vergelijking met subregio's. De toegevoegde waarde van de constructie in Zuidoost-Azië was minder dan in Oost-Azië (US$168,2 miljard), in Zuidwest-Azië (US$30,2 miljard) en in Zuid-Azië (US$25,0 miljard). De sector van de constructie per hoofd in Zuidoost-Azië was in Zuidoost-Azië groter dan in Zuid-Azië (US$23,8); maar minder dan in Zuidwest-Azië (US$265,8) en in Oost-Azië (US$131,6). De groei van de constructie in Zuidoost-Azië was groter dan in Oost-Azië (3,3%), in Zuid-Azië (1,0%) en in Zuidwest-Azië (-0,79%).

Leiders. De sector van de constructie in Zuidoost-Azië in de jaren 1980 bestond uit: Indonesië (34,3%), Filipijnen (24,2%), Thailand (18,2%), Singapore (11,5%), Maleisië (9,2%), en andere (2,6%). Het aandeel van de constructie in economie van de leiders: Filipijnen (8,2%), Singapore (7,9%), Thailand (5,1%), Indonesië (4,6%) en Maleisië (3,9%). De waarde van de constructie per hoofd in Zuidoost-Azië onder de leiders: Singapore ($559,0), Maleisië ($77,0), Filipijnen ($58,6), Thailand ($45,9) en Indonesië ($27,2). De groei van de constructie onder de leiders: Thailand (9,2%), Indonesië (6,2%), Singapore (3,8%), Maleisië (3,1%) en Filipijnen (-2,8%).

de jaren 1990

De waarde van de constructie in Zuidoost-Azië bedroeg in de jaren 1990 US$33,2 miljard per jaar, en was vergelijkbaar met Rusland (US$34,1 miljard). Het aandeel in de wereld was 2,1%, en 6,0% in Azië.

Het aandeel van de constructie in de economie van Zuidoost-Azië was 5,8% in de jaren 1990, en was vergelijkbaar met Noord-Macedonië (5,8%), de Wereld (5,8%), Servië (5,9%).

De constructie per hoofd in Zuidoost-Azië was $69,0 in de jaren 1990s, en was vergelijkbaar met Montenegro (US$69,9). De toegevoegde waarde van de constructie per hoofd in Zuidoost-Azië was in 4,0 keer lager dan de constructie per hoofd van de bevolking in de wereld ($278,6), en was in 2,3 keer lager dan de constructie per hoofd van de bevolking in Azië ($278,6).

De groei van de constructie in Zuidoost-Azië bedroeg 4.6% in de jaren 1990, en was vergelijkbaar met Uruguay (4,6%), Melanesië (4,6%), Grenada (4,7%). De groei van de constructie in Zuidoost-Azië (4,6%) was groter dan de groei van de constructie in de wereld (0,71%), was groter dan de groei van de constructie in Azië (2,3%).

Vergelijking met subregio's. De toegevoegde waarde van de constructie in Zuidoost-Azië was groter dan in Zuid-Azië (US$31,2 miljard) en in Centraal-Azië (US$3,3 miljard); maar minder dan in Oost-Azië (US$439,5 miljard) en in Zuidwest-Azië (US$43,0 miljard). De bouw per hoofd in Zuidoost-Azië was in Zuidoost-Azië groter dan in Centraal-Azië (US$61,8) en in Zuid-Azië (US$23,8); maar minder dan in Oost-Azië (US$301,8) en in Zuidwest-Azië (US$261,7). De groei van de constructie in Zuidoost-Azië was groter dan in Zuidwest-Azië (3,6%), in Oost-Azië (1,5%) en in Centraal-Azië (-9,6%); maar minder dan in Zuid-Azië (5,0%).

Leiders. De sector van de constructie in Zuidoost-Azië in de jaren 1990 bestond uit: Indonesië (31,3%), Thailand (24,8%), Singapore (13,9%), Filipijnen (12,9%), Maleisië (12,2%), en andere (5,0%). Het aandeel van de constructie in economie van de leiders: Singapore (6,7%), Thailand (6,2%), Filipijnen (6,0%), Indonesië (5,6%) en Maleisië (5,4%). De constructie per hoofd in Zuidoost-Azië onder de leiders: Singapore ($1.323,9), Maleisië ($199,7), Thailand ($138,8), Filipijnen ($62,2) en Indonesië ($53,1). De groei van de constructie onder de leiders: Singapore (10,3%), Maleisië (8,2%), Indonesië (5,4%), Filipijnen (0,96%) en Thailand (-0,70%).

de jaren 2000

De waarde van de constructie in Zuidoost-Azië bedroeg in de jaren 2000 US$48,9 miljard per jaar, en was vergelijkbaar met Afrika (US$48,7 miljard), Australië (US$48,3 miljard). Het aandeel in de wereld was 2,0%, en 6,8% in Azië.

Het aandeel van de constructie in de economie van Zuidoost-Azië was 4,9% in de jaren 2000, en was vergelijkbaar met Mongolië (4,8%), Oezbekistan (4,9%), Brazilië (4,8%).

De waarde van de constructie per hoofd in Zuidoost-Azië was $87,7 in de jaren 2000s, en was vergelijkbaar met Thailand (US$86,0). De toegevoegde waarde van de constructie per hoofd in Zuidoost-Azië was in 4,3 keer lager dan de constructie per hoofd van de bevolking in de wereld ($381,3), en was in 2,1 keer lager dan de constructie per hoofd van de bevolking in Azië ($381,3).

De groei van de constructie in Zuidoost-Azië bedroeg 5.7% in de jaren 2000, en was vergelijkbaar met Saoedi-Arabië (5,7%), Letland (5,7%). De groei van de constructie in Zuidoost-Azië (5,7%) was groter dan de groei van de constructie in de wereld (1,5%), was groter dan de groei van de constructie in Azië (4,4%).

Vergelijking met subregio's. De constructie van Zuidoost-Azië was groter dan in Centraal-Azië (US$7,3 miljard); maar minder dan in Oost-Azië (US$485,4 miljard), in Zuid-Azië (US$93,6 miljard) en in Zuidwest-Azië (US$84,0 miljard). De constructie per hoofd in Zuidoost-Azië was in Zuidoost-Azië groter dan in Zuid-Azië (US$59,5); maar minder dan in Zuidwest-Azië (US$411,8), in Oost-Azië (US$311,3) en in Centraal-Azië (US$124,5). De groei van de constructie in Zuidoost-Azië was groter dan in Oost-Azië (3,0%); maar minder dan in Centraal-Azië (12,4%), in Zuid-Azië (8,5%) en in Zuidwest-Azië (7,1%).

Leiders. De sector van de constructie in Zuidoost-Azië in de jaren 2000 bestond uit: Indonesië (46,4%), Filipijnen (12,2%), Thailand (11,4%), Singapore (10,5%), Maleisië (9,5%), en andere (10,0%). Het aandeel van de constructie in economie van de leiders: Indonesië (6,9%), Filipijnen (5,3%), Singapore (4,1%), Maleisië (3,2%) en Thailand (2,9%). De toegevoegde waarde van de constructie per hoofd in Zuidoost-Azië onder de leiders: Singapore ($1.185,5), Maleisië ($182,5), Indonesië ($100,9), Thailand ($86,0) en Filipijnen ($69,6). De groei van de constructie onder de leiders: Indonesië (6,8%), Filipijnen (4,5%), Singapore (4,0%), Maleisië (2,4%) en Thailand (1,8%).

de jaren 2010

De bouw van Zuidoost-Azië bedroeg in de jaren 2010 US$168,2 miljard per jaar, en was vergelijkbaar met India (US$168,1 miljard). Het aandeel in de wereld was 4,0%, en 9,7% in Azië.

Het aandeel van de constructie in de economie van Zuidoost-Azië was 6,7% in de jaren 2010, en was vergelijkbaar met Madagaskar (6,7%), Litouwen (6,8%).

De constructie per hoofd in Zuidoost-Azië was $266,9 in de jaren 2010s, en was vergelijkbaar met Sri Lanka (US$268,0), Samoa (US$265,7). De sector van de constructie per hoofd in Zuidoost-Azië was in 2,1 keer lager dan de constructie per hoofd van de bevolking in de wereld ($572,1), en was 32,1% lager dan de constructie per hoofd van de bevolking in Azië ($572,1).

De groei van de constructie in Zuidoost-Azië bedroeg 6.7% in de jaren 2010, en was vergelijkbaar met Niger (6,6%). De groei van de constructie in Zuidoost-Azië (6,7%) was groter dan de groei van de constructie in de wereld (2,9%), was groter dan de groei van de constructie in Azië (5,6%).

Vergelijking met subregio's. De constructie van Zuidoost-Azië was 8,6 keer groter dan in Centraal-Azië (US$19,6 miljard); maar 6,6 keer minder dan in Oost-Azië (US$1,1 biljoen), 26,4% minder dan in Zuid-Azië (US$228,4 miljard) en 17,9% minder dan in Zuidwest-Azië (US$204,9 miljard). De constructie per hoofd in Zuidoost-Azië was in Zuidoost-Azië2,1 keer groter dan in Zuid-Azië (US$125,7); maar 3,0 keer minder dan in Zuidwest-Azië (US$805,6), 2,5 keer minder dan in Oost-Azië (US$677,5) en 7,6% minder dan in Centraal-Azië (US$288,8). De groei van de constructie in Zuidoost-Azië was groter dan in Oost-Azië (5,9%), in Zuidwest-Azië (4,6%) en in Zuid-Azië (4,1%); maar minder dan in Centraal-Azië (6,9%).

Leiders. De toegevoegde waarde van de constructie in Zuidoost-Azië in de jaren 2010 bestond uit: Indonesië (55,3%), Filipijnen (11,5%), Maleisië (8,2%), Singapore (7,8%), Thailand (6,7%), en andere (10,4%). Het aandeel van de constructie in economie van de leiders: Indonesië (10,3%), Filipijnen (6,8%), Singapore (4,4%), Maleisië (4,4%) en Thailand (2,7%). De bouw per hoofd in Zuidoost-Azië onder de leiders: Singapore ($2.387,6), Maleisië ($460,1), Indonesië ($362,7), Filipijnen ($190,5) en Thailand ($165,2). De groei van de constructie onder de leiders: Filipijnen (8,9%), Maleisië (8,2%), Indonesië (6,6%), Thailand (3,7%) en Singapore (3,0%).

Hoofdstuk VII. Vervoer

Transport, opslag en communicatie (ISIC I)

De toegevoegde waarde van het transport in Zuidoost-Azië steeg van US$4,6 miljard per jaar in de jaren 1970 tot US$206,3 miljard per jaar in de jaren 2010, dat wil zeggen met US$201,8 miljard of 45,0 keer. De verandering vond plaats op US$120,9 miljard als gevolg van een 2,4-voudige stijging van de prijzen, en ook op US$76,2 miljard als gevolg van een 9,3-voudige toename van de productiviteit , evenals op US$4,6 miljard als gevolg van de toename van de bevolking. De gemiddelde jaarlijkse groei van het transport is 7,6%. De minimumwaarde van het transport bedroeg US$1,8 miljard in 1970. De maximumwaarde van het transport bedroeg US$266,1 miljard in 2019.

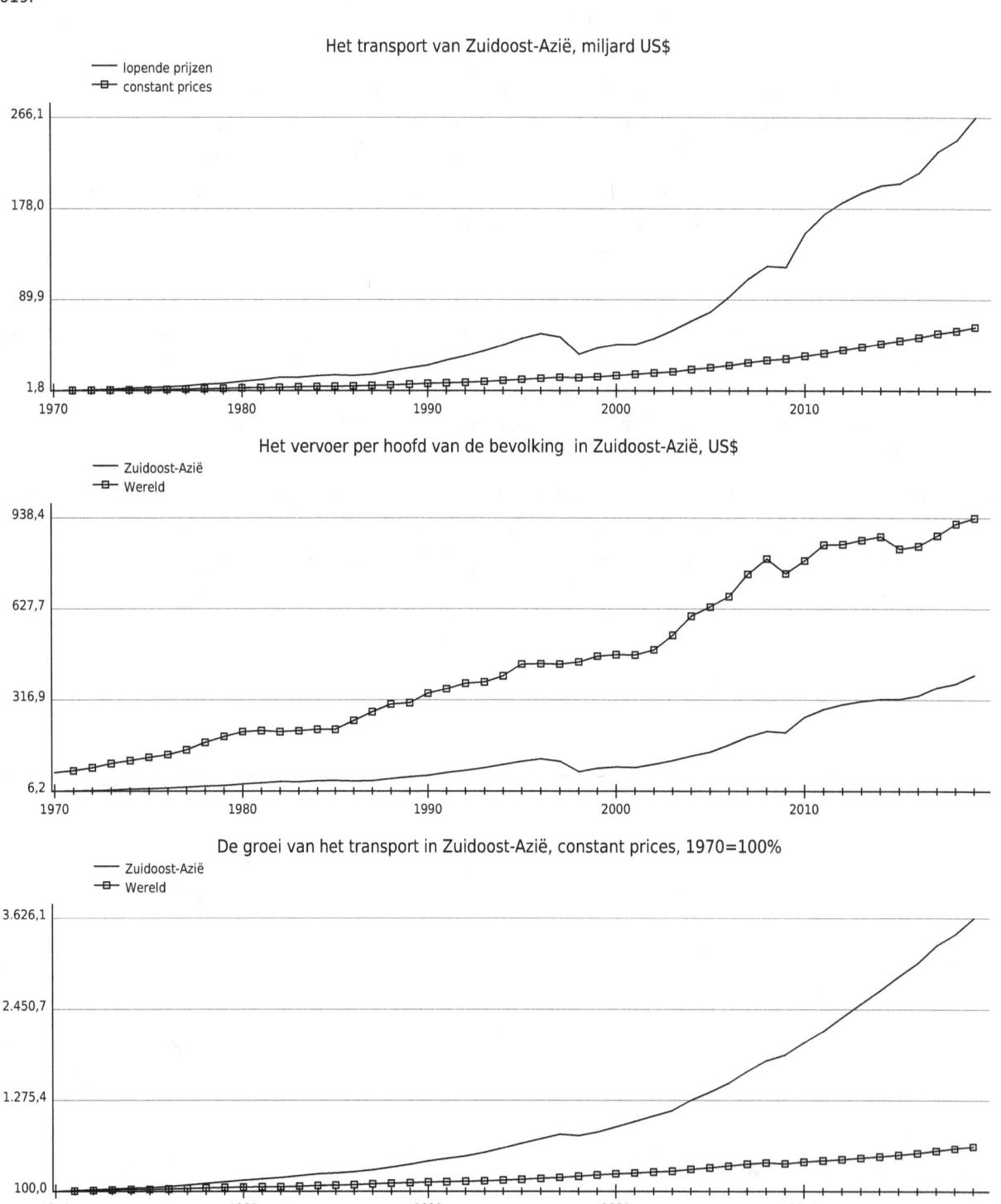

Het transport van Zuidoost-Azië, miljard US$

Het vervoer per hoofd van de bevolking in Zuidoost-Azië, US$

De groei van het transport in Zuidoost-Azië, constant prices, 1970=100%

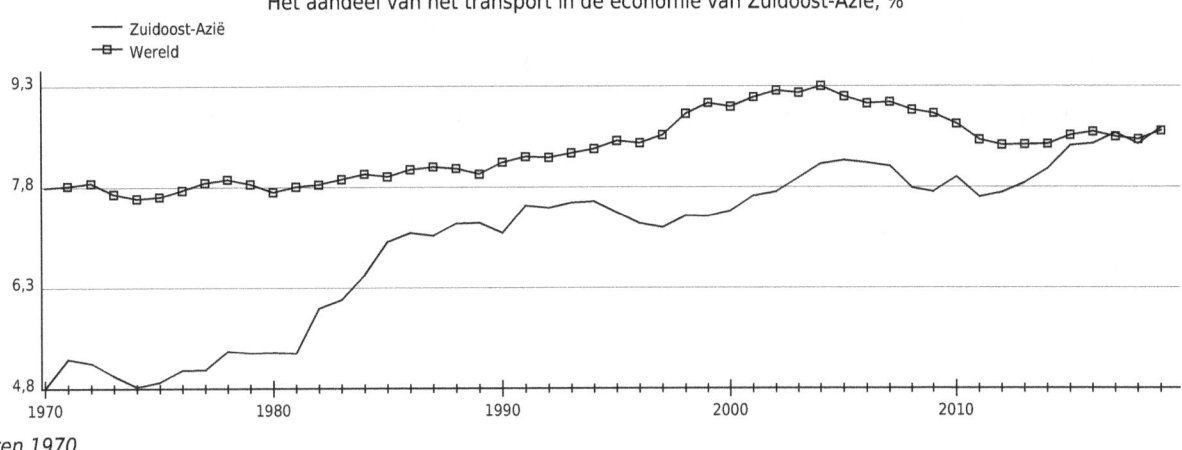

Het aandeel van het transport in de economie van Zuidoost-Azië, %

de jaren 1970

De waarde van het transport in Zuidoost-Azië bedroeg in de jaren 1970 US$4,6 miljard per jaar. Het aandeel in de wereld was 0,93%, en 5,8% in Azië.

Het aandeel van het transport in de economie van Zuidoost-Azië was 5,1% in de jaren 1970, en was vergelijkbaar met Swaziland (5,1%), Guatemala (5,1%).

De waarde van het transport per hoofd in Zuidoost-Azië was $14,5 in de jaren 1970s, en was vergelijkbaar met Botswana (US$14,7). Het transport per hoofd in Zuidoost-Azië was in 8,4 keer lager dan het transport per hoofd van de bevolking in de wereld ($122,3), en was in 2,4 keer lager dan het transport per hoofd van de bevolking in Azië ($122,3).

De groei van het transport in Zuidoost-Azië bedroeg 9.2% in de jaren 1970, en was vergelijkbaar met de Salomonseilanden (9,1%), Koeweit (9,3%). De groei van het transport in Zuidoost-Azië (9,2%) was groter dan de groei van het transport in de wereld (4,6%), was groter dan de groei van het transport in Azië (4,1%).

Vergelijking met subregio's. De sector van het transport in Zuidoost-Azië was minder dan in Oost-Azië (US$57,5 miljard), in Zuidwest-Azië (US$9,2 miljard) en in Zuid-Azië (US$8,4 miljard). De waarde van het transport per hoofd in Zuidoost-Azië was in Zuidoost-Azië groter dan in Zuid-Azië (US$10,2); maar minder dan in Zuidwest-Azië (US$109,1) en in Oost-Azië (US$52,5). De groei van het transport in Zuidoost-Azië was groter dan in Zuid-Azië (7,6%) en in Oost-Azië (2,6%); maar minder dan in Zuidwest-Azië (9,8%).

Leiders. De toegevoegde waarde van het transport in Zuidoost-Azië in de jaren 1970 bestond uit: Indonesië (33,5%), Thailand (19,7%), Singapore (14,3%), Filipijnen (14,3%), Maleisië (10,6%), en andere (7,6%). Het aandeel van het transport in economie van de leiders: Singapore (12,9%), Thailand (5,8%), Indonesië (4,9%), Maleisië (4,8%) en Filipijnen (4,0%). De toegevoegde waarde van het transport per hoofd in Zuidoost-Azië onder de leiders: Singapore ($294,2), Maleisië ($40,3), Thailand ($21,6), Filipijnen ($16,1) en Indonesië ($11,8). De groei van het transport onder de leiders: Indonesië (14,5%), Singapore (14,4%), Maleisië (12,6%), Thailand (6,6%) en Filipijnen (5,0%).

de jaren 1980

Het vervoer van Zuidoost-Azië bedroeg in de jaren 1980 US$16,4 miljard per jaar. Het aandeel in de wereld was 1,4%, en 6,6% in Azië.

Het aandeel van het transport in de economie van Zuidoost-Azië was 6,6% in de jaren 1980, en was vergelijkbaar met Barbados (6,6%), de Bahama's (6,6%), Noord-Afrika (6,6%).

De waarde van het transport per hoofd in Zuidoost-Azië was $41,3 in de jaren 1980s, en was vergelijkbaar met Equatoriaal-Guinea (US$41,3), Liberia (US$40,6). Het vervoer per hoofd in Zuidoost-Azië was in 5,9 keer lager dan het transport per hoofd van de bevolking in de wereld ($242,0), en was in 2,1 keer lager dan het transport per hoofd van de bevolking in Azië ($242,0).

De groei van het transport in Zuidoost-Azië bedroeg 7.3% in de jaren 1980, en was vergelijkbaar met Antigua en Barbuda (7,3%), Saint Vincent en de Grenadines (7,3%), Nieuw-Caledonië (7,4%). De groei van het transport in Zuidoost-Azië (7,3%) was groter dan de groei van het transport in de wereld (3,4%), was groter dan de groei van het transport in Azië (5,2%).

Vergelijking met subregio's. De waarde van het transport in Zuidoost-Azië was minder dan in Oost-Azië (US$180,5 miljard), in

Zuidwest-Azië (US$25,1 miljard) en in Zuid-Azië (US$24,5 miljard). Het transport per hoofd in Zuidoost-Azië was in Zuidoost-Azië groter dan in Zuid-Azië (US$23,3); maar minder dan in Zuidwest-Azië (US$220,4) en in Oost-Azië (US$141,3). De groei van het transport in Zuidoost-Azië was groter dan in Oost-Azië (5,7%), in Zuid-Azië (3,6%) en in Zuidwest-Azië (2,9%).

Leiders. De waarde van het transport in Zuidoost-Azië in de jaren 1980 bestond uit: Indonesië (36,9%), Thailand (20,3%), Singapore (16,4%), Filipijnen (12,1%), Maleisië (11,0%), en andere (3,4%). Het aandeel van het transport in economie van de leiders: Singapore (14,2%), Thailand (7,1%), Indonesië (6,2%), Maleisië (5,9%) en Filipijnen (5,1%). De waarde van het transport per hoofd in Zuidoost-Azië onder de leiders: Singapore ($1.006,2), Maleisië ($115,9), Thailand ($64,3), Indonesië ($36,9) en Filipijnen ($36,8). De groei van het transport onder de leiders: Singapore (9,0%), Maleisië (8,7%), Thailand (8,2%), Indonesië (7,6%) en Filipijnen (3,8%).

de jaren 1990

De waarde van het transport in Zuidoost-Azië bedroeg in de jaren 1990 US$42,2 miljard per jaar, en was vergelijkbaar met Canada (US$43,0 miljard). Het aandeel in de wereld was 1,8%, en 6,9% in Azië.

Het aandeel van het transport in de economie van Zuidoost-Azië was 7,4% in de jaren 1990, en was vergelijkbaar met Liechtenstein (7,4%), Palau (7,4%), Oost-Afrika (7,4%).

De sector van het transport per hoofd in Zuidoost-Azië was $87,8 in de jaren 1990s. De sector van het transport per hoofd in Zuidoost-Azië was in 4,7 keer lager dan het transport per hoofd van de bevolking in de wereld ($409,5), en was in 2,0 keer lager dan het transport per hoofd van de bevolking in Azië ($409,5).

De groei van het transport in Zuidoost-Azië bedroeg 6.8% in de jaren 1990, en was vergelijkbaar met Zuid-Azië (6,8%), Grenada (6,9%). De groei van het transport in Zuidoost-Azië (6,8%) was groter dan de groei van het transport in de wereld (4,0%), was groter dan de groei van het transport in Azië (5,4%).

Vergelijking met subregio's. De waarde van het transport in Zuidoost-Azië was groter dan in Zuid-Azië (US$40,3 miljard) en in Centraal-Azië (US$3,6 miljard); maar minder dan in Oost-Azië (US$477,5 miljard) en in Zuidwest-Azië (US$50,3 miljard). Het vervoer per hoofd in Zuidoost-Azië was in Zuidoost-Azië groter dan in Centraal-Azië (US$68,7) en in Zuid-Azië (US$30,8); maar minder dan in Oost-Azië (US$327,9) en in Zuidwest-Azië (US$305,9). De groei van het transport in Zuidoost-Azië was groter dan in Zuid-Azië (6,8%), in Zuidwest-Azië (5,5%), in Oost-Azië (4,9%) en in Centraal-Azië (-7,4%).

Leiders. De toegevoegde waarde van het transport in Zuidoost-Azië in de jaren 1990 bestond uit: Indonesië (30,7%), Thailand (23,8%), Singapore (21,8%), Maleisië (11,4%), Filipijnen (8,8%), en andere (3,5%). Het aandeel van het transport in economie van de leiders: Singapore (13,4%), Thailand (7,6%), Indonesië (7,0%), Maleisië (6,3%) en Filipijnen (5,2%). De waarde van het transport per hoofd in Zuidoost-Azië onder de leiders: Singapore ($2.645,9), Maleisië ($236,7), Thailand ($169,5), Indonesië ($66,2) en Filipijnen ($53,9). De groei van het transport onder de leiders: Maleisië (9,2%), Singapore (8,2%), Thailand (7,5%), Indonesië (4,7%) en Filipijnen (4,3%).

de jaren 2000

De waarde van het transport in Zuidoost-Azië bedroeg in de jaren 2000 US$79,9 miljard per jaar, en was vergelijkbaar met Centraal-Amerika (US$79,6 miljard), Canada (US$78,6 miljard). Het aandeel in de wereld was 2,0%, en 7,6% in Azië.

Het aandeel van het transport in de economie van Zuidoost-Azië was 7,9% in de jaren 2000, en was vergelijkbaar met Paraguay (7,9%), Kirgizië (7,9%).

De toegevoegde waarde van het transport per hoofd in Zuidoost-Azië was $143,4 in de jaren 2000s, en was vergelijkbaar met Egypte (US$143,3), Irak (US$145,5). De waarde van het transport per hoofd in Zuidoost-Azië was in 4,3 keer lager dan het transport per hoofd van de bevolking in de wereld ($621,1), en was 45,9% lager dan het transport per hoofd van de bevolking in Azië ($621,1).

De groei van het transport in Zuidoost-Azië bedroeg 7.9% in de jaren 2000, en was vergelijkbaar met Uruguay (7,9%), Noord-Afrika (7,9%). De groei van het transport in Zuidoost-Azië (7,9%) was groter dan de groei van het transport in de wereld (3,9%), was groter dan de groei van het transport in Azië (5,4%).

Vergelijking met subregio's. De waarde van het transport in Zuidoost-Azië was groter dan in Centraal-Azië (US$10,3 miljard); maar minder dan in Oost-Azië (US$726,0 miljard), in Zuidwest-Azië (US$128,9 miljard) en in Zuid-Azië (US$101,5 miljard). De toegevoegde waarde van het transport per hoofd in Zuidoost-Azië was in Zuidoost-Azië groter dan in Zuid-Azië (US$64,5); maar minder dan in Zuidwest-Azië (US$631,6), in Oost-Azië (US$465,6) en in Centraal-Azië (US$177,6). De groei van het transport in Zuidoost-Azië was groter dan in Zuidwest-Azië (6,7%) en in Oost-Azië (4,3%); maar minder dan in Centraal-Azië (9,8%) en in Zuid-Azië (8,5%).

Leiders. De waarde van het transport in Zuidoost-Azië in de jaren 2000 bestond uit: Indonesië (29,2%), Singapore (21,2%), Thailand (20,5%), Maleisië (12,2%), Filipijnen (10,2%), en andere (6,6%). Het aandeel van het transport in economie van de leiders: Singapore (13,4%), Thailand (8,4%), Filipijnen (7,2%), Indonesië (7,1%) en Maleisië (6,7%). De sector van het transport per hoofd in Zuidoost-Azië onder de leiders: Singapore ($3.888,6), Maleisië ($383,9), Thailand ($252,2), Indonesië ($103,9) en Filipijnen ($95,8). De groei van het transport onder de leiders: Indonesië (12,3%), Filipijnen (7,6%), Thailand (6,3%), Maleisië (6,1%) en Singapore (4,7%).

de jaren 2010

De toegevoegde waarde van het transport in Zuidoost-Azië bedroeg in de jaren 2010 US$206,3 miljard per jaar, en was vergelijkbaar met Afrika (US$202,9 miljard). Het aandeel in de wereld was 3,3%, en 10,9% in Azië.

Het aandeel van het transport in de economie van Zuidoost-Azië was 8,2% in de jaren 2010, en was vergelijkbaar met Jamaica (8,3%), Zwitserland (8,3%), Irak (8,2%).

Het transport per hoofd in Zuidoost-Azië was $327,5 in de jaren 2010s, en was vergelijkbaar met Micronesië (US$327,4), Guyana (US$327,1), China (US$331,0). De waarde van het transport per hoofd in Zuidoost-Azië was in 2,6 keer lager dan het transport per hoofd van de bevolking in de wereld ($864,8), en was 23,9% lager dan het transport per hoofd van de bevolking in Azië ($864,8).

De groei van het transport in Zuidoost-Azië bedroeg 6.9% in de jaren 2010. De groei van het transport in Zuidoost-Azië (6,9%) was groter dan de groei van het transport in de wereld (4,0%), was groter dan de groei van het transport in Azië (4,7%).

Vergelijking met subregio's. De waarde van het transport in Zuidoost-Azië was 7,3 keer groter dan in Centraal-Azië (US$28,3 miljard); maar 5,6 keer minder dan in Oost-Azië (US$1,2 biljoen), 19,2% minder dan in Zuidwest-Azië (US$255,5 miljard) en 14,7% minder dan in Zuid-Azië (US$241,8 miljard). De sector van het transport per hoofd in Zuidoost-Azië was in Zuidoost-Azië2,5 keer groter dan in Zuid-Azië (US$133,1); maar 3,1 keer minder dan in Zuidwest-Azië (US$1.004,2), 2,2 keer minder dan in Oost-Azië (US$710,0) en 21,4% minder dan in Centraal-Azië (US$416,7). De groei van het transport in Zuidoost-Azië was groter dan in Centraal-Azië (6,7%), in Zuid-Azië (5,5%), in Zuidwest-Azië (4,8%) en in Oost-Azië (4,1%).

Leiders. De sector van het transport in Zuidoost-Azië in de jaren 2010 bestond uit: Indonesië (37,6%), Thailand (16,0%), Singapore (15,9%), Maleisië (13,4%), Filipijnen (8,5%), en andere (8,6%). Het aandeel van het transport in economie van de leiders: Singapore (11,0%), Maleisië (8,8%), Indonesië (8,6%), Thailand (7,8%) en Filipijnen (6,2%). De sector van het transport per hoofd in Zuidoost-Azië onder de leiders: Singapore ($5.938,4), Maleisië ($921,2), Thailand ($481,7), Indonesië ($302,2) en Filipijnen ($174,2). De groei van het transport onder de leiders: Indonesië (9,1%), Maleisië (7,5%), Filipijnen (5,4%), Thailand (4,3%) en Singapore (4,2%).

Hoofdstuk VIII. Handel

Groothandel, detailhandel, restaurants en hotels (ISIC G-H)

De sector van de handel in Zuidoost-Azië steeg van US$16,2 miljard per jaar in de jaren 1970 tot US$451,0 miljard per jaar in de jaren 2010, dat wil zeggen met US$434,8 miljard of 27,8 keer. De verandering vond plaats op US$303,9 miljard als gevolg van een 3,1-voudige stijging van de prijzen, en ook op US$114,7 miljard als gevolg van een 4,5-voudige toename van de productiviteit , evenals op US$16,2 miljard als gevolg van de toename van de bevolking. De gemiddelde jaarlijkse groei van de handel is 5,7%. De minimumwaarde van de handel bedroeg US$6,7 miljard in 1970. De maximumwaarde van de handel bedroeg US$570,6 miljard in 2019.

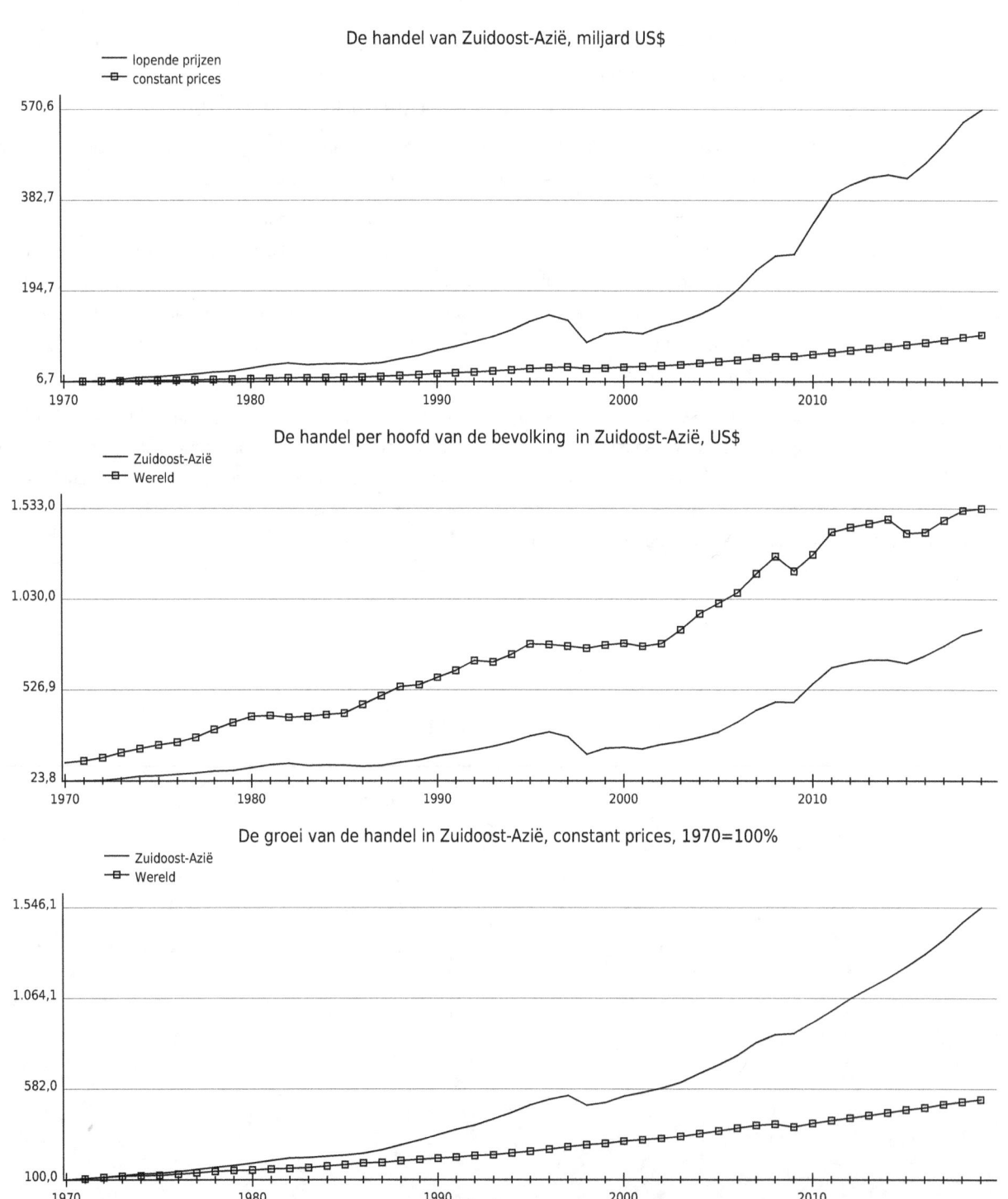

De handel van Zuidoost-Azië, miljard US$

De handel per hoofd van de bevolking in Zuidoost-Azië, US$

De groei van de handel in Zuidoost-Azië, constant prices, 1970=100%

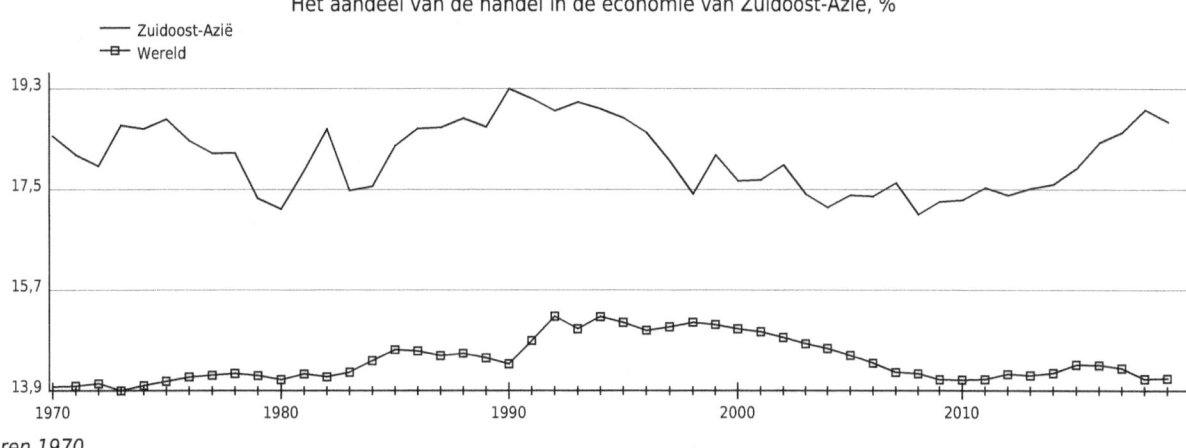

Het aandeel van de handel in de economie van Zuidoost-Azië, %

de jaren 1970

De handel van Zuidoost-Azië bedroeg in de jaren 1970 US$16,2 miljard per jaar, en was vergelijkbaar met Spanje (US$16,3 miljard), Zuidwest-Azië (US$15,9 miljard). Het aandeel in de wereld was 1,8%, en 10,4% in Azië.

Het aandeel van de handel in de economie van Zuidoost-Azië was 18,1% in de jaren 1970, en was vergelijkbaar met Vanuatu (18,1%), Liechtenstein (18,2%), Zwitserland (18,2%).

De toegevoegde waarde van de handel per hoofd in Zuidoost-Azië was $51,5 in de jaren 1970s, en was vergelijkbaar met Indonesië (US$50,5). De sector van de handel per hoofd in Zuidoost-Azië was in 4,3 keer lager dan de handel per hoofd van de bevolking in de wereld ($221,0), en was 23,5% lager dan de handel per hoofd van de bevolking in Azië ($221,0).

De groei van de handel in Zuidoost-Azië bedroeg 6.5% in de jaren 1970, en was vergelijkbaar met Saint Lucia (6,4%), Soedan (6,5%), Grenada (6,5%). De groei van de handel in Zuidoost-Azië (6,5%) was groter dan de groei van de handel in de wereld (4,5%), was minder dan de groei van de handel in Azië (7,7%).

Vergelijking met subregio's. De handel van Zuidoost-Azië was groter dan in Zuidwest-Azië (US$15,9 miljard) en in Zuid-Azië (US$14,5 miljard); maar minder dan in Oost-Azië (US$109,7 miljard). De handel per hoofd in Zuidoost-Azië was in Zuidoost-Azië groter dan in Zuid-Azië (US$17,5); maar minder dan in Zuidwest-Azië (US$188,7) en in Oost-Azië (US$100,1). De groei van de handel in Zuidoost-Azië was groter dan in Zuid-Azië (5,6%); maar minder dan in Zuidwest-Azië (8,8%) en in Oost-Azië (8,1%).

Leiders. De toegevoegde waarde van de handel in Zuidoost-Azië in de jaren 1970 bestond uit: Indonesië (40,4%), Thailand (22,1%), Filipijnen (12,5%), Singapore (7,7%), Maleisië (6,5%), en andere (10,7%). Het aandeel van de handel in economie van de leiders: Singapore (24,5%), Thailand (23,0%), Indonesië (20,8%), Filipijnen (12,5%) en Maleisië (10,5%). De sector van de handel per hoofd in Zuidoost-Azië onder de leiders: Singapore ($559,6), Maleisië ($87,7), Thailand ($86,2), Indonesië ($50,5) en Filipijnen ($49,8). De groei van de handel onder de leiders: Maleisië (10,7%), Indonesië (7,9%), Singapore (7,2%), Thailand (6,2%) en Filipijnen (5,0%).

de jaren 1980

De sector van de handel in Zuidoost-Azië bedroeg in de jaren 1980 US$45,2 miljard per jaar, en was vergelijkbaar met Zuidwest-Azië (US$45,1 miljard). Het aandeel in de wereld was 2,1%, en 9,6% in Azië.

Het aandeel van de handel in de economie van Zuidoost-Azië was 18,2% in de jaren 1980, en was vergelijkbaar met Ivoorkust (18,2%), Vanuatu (18,1%), Spanje (18,1%).

De handel per hoofd in Zuidoost-Azië was $114,1 in de jaren 1980s, en was vergelijkbaar met Marokko (US$115,3), Roemenië (US$112,8). De sector van de handel per hoofd in Zuidoost-Azië was in 3,8 keer lager dan de handel per hoofd van de bevolking in de wereld ($437,7), en was 31,6% lager dan de handel per hoofd van de bevolking in Azië ($437,7).

De groei van de handel in Zuidoost-Azië bedroeg 5.8% in de jaren 1980, en was vergelijkbaar met Congo-Brazzaville (5,8%), Azië (5,8%). De groei van de handel in Zuidoost-Azië (5,8%) was groter dan de groei van de handel in de wereld (3,3%), was groter dan de groei van de handel in Handel (5,8%).

Vergelijking met subregio's. De sector van de handel in Zuidoost-Azië was groter dan in Zuidwest-Azië (US$45,1 miljard) en in Zuid-Azië (US$42,8 miljard); maar minder dan in Oost-Azië (US$340,1 miljard). De sector van de handel per hoofd in Zuidoost-Azië was in Zuidoost-Azië groter dan in Zuid-Azië (US$40,8); maar minder dan in Zuidwest-Azië (US$396,9) en in Oost-Azië (US$266,2). De groei van de handel in Zuidoost-Azië was groter dan in Zuid-Azië (4,9%) en in Zuidwest-Azië (3,3%); maar minder dan in Oost-Azië (6,3%).

Leiders. De waarde van de handel in Zuidoost-Azië in de jaren 1980 bestond uit: Indonesië (43,6%), Thailand (23,7%), Filipijnen (13,1%), Maleisië (7,5%), Singapore (6,9%), en andere (5,3%). Het aandeel van de handel in economie van de leiders: Thailand (22,8%), Indonesië (20,2%), Singapore (16,4%), Filipijnen (15,5%) en Maleisië (11,1%). De sector van de handel per hoofd in Zuidoost-Azië onder de leiders: Singapore ($1.161,7), Maleisië ($218,5), Thailand ($207,5), Indonesië ($120,4) en Filipijnen ($110,7). De groei van de handel onder de leiders: Thailand (7,5%), Indonesië (6,8%), Singapore (6,0%), Maleisië (5,1%) en Filipijnen (3,3%).

de jaren 1990

De waarde van de handel in Zuidoost-Azië bedroeg in de jaren 1990 US$105,8 miljard per jaar, en was vergelijkbaar met Spanje (US$103,9 miljard). Het aandeel in de wereld was 2,6%, en 9,1% in Azië.

Het aandeel van de handel in de economie van Zuidoost-Azië was 18,5% in de jaren 1990, en was vergelijkbaar met Polen (18,5%), San Marino (18,6%), Papoea-Nieuw-Guinea (18,6%).

De sector van de handel per hoofd in Zuidoost-Azië was $219,8 in de jaren 1990s, en was vergelijkbaar met Guinee (US$218,6), Servië (US$215,8). De sector van de handel per hoofd in Zuidoost-Azië was in 3,3 keer lager dan de handel per hoofd van de bevolking in de wereld ($721,8), en was 34,8% lager dan de handel per hoofd van de bevolking in Azië ($721,8).

De groei van de handel in Zuidoost-Azië bedroeg 5.1% in de jaren 1990, en was vergelijkbaar met Egypte (5,1%), Swaziland (5,2%). De groei van de handel in Zuidoost-Azië (5,1%) was groter dan de groei van de handel in de wereld (3,5%), was groter dan de groei van de handel in Azië (4,9%).

Vergelijking met subregio's. De toegevoegde waarde van de handel in Zuidoost-Azië was groter dan in Zuidwest-Azië (US$81,4 miljard), in Zuid-Azië (US$68,4 miljard) en in Centraal-Azië (US$4,7 miljard); maar minder dan in Oost-Azië (US$907,4 miljard). De toegevoegde waarde van de handel per hoofd in Zuidoost-Azië was in Zuidoost-Azië groter dan in Centraal-Azië (US$89,9) en in Zuid-Azië (US$52,2); maar minder dan in Oost-Azië (US$623,2) en in Zuidwest-Azië (US$494,6). De groei van de handel in Zuidoost-Azië was groter dan in Oost-Azië (4,8%), in Zuidwest-Azië (4,7%) en in Centraal-Azië (-3,5%); maar minder dan in Zuid-Azië (5,5%).

Leiders. De sector van de handel in Zuidoost-Azië in de jaren 1990 bestond uit: Indonesië (35,7%), Thailand (27,0%), Filipijnen (11,1%), Maleisië (10,3%), Singapore (10,2%), en andere (5,7%). Het aandeel van de handel in economie van de leiders: Thailand (21,6%), Indonesië (20,3%), Filipijnen (16,5%), Singapore (15,7%) en Maleisië (14,5%). De toegevoegde waarde van de handel per hoofd in Zuidoost-Azië onder de leiders: Singapore ($3.097,0), Maleisië ($539,4), Thailand ($482,1), Indonesië ($192,5) en Filipijnen ($169,4). De groei van de handel onder de leiders: Maleisië (9,3%), Singapore (6,8%), Indonesië (4,8%), Filipijnen (4,0%) en Thailand (3,7%).

de jaren 2000

De handel van Zuidoost-Azië bedroeg in de jaren 2000 US$175,2 miljard per jaar, en was vergelijkbaar met Centraal-Amerika (US$174,8 miljard). Het aandeel in de wereld was 2,7%, en 10,1% in Azië.

Het aandeel van de handel in de economie van Zuidoost-Azië was 17,4% in de jaren 2000, en was vergelijkbaar met Madagaskar (17,3%), de Caraïben (17,3%).

De toegevoegde waarde van de handel per hoofd in Zuidoost-Azië was $314,3 in de jaren 2000s, en was vergelijkbaar met Paraguay (US$320,7). De sector van de handel per hoofd in Zuidoost-Azië was in 3,2 keer lager dan de handel per hoofd van de bevolking in de wereld ($990,3), en was 28,4% lager dan de handel per hoofd van de bevolking in Azië ($990,3).

De groei van de handel in Zuidoost-Azië bedroeg 5.5% in de jaren 2000, en was vergelijkbaar met Oman (5,5%), Malawi (5,6%), Oost-Afrika (5,6%). De groei van de handel in Zuidoost-Azië (5,5%) was groter dan de groei van de handel in de wereld (2,7%), was groter dan de groei van de handel in Azië (4,5%).

Vergelijking met subregio's. De toegevoegde waarde van de handel in Zuidoost-Azië was groter dan in Zuidwest-Azië (US$167,0 miljard), in Zuid-Azië (US$144,6 miljard) en in Centraal-Azië (US$11,3 miljard); maar minder dan in Oost-Azië (US$1,2 biljoen). De sector van de handel per hoofd in Zuidoost-Azië was in Zuidoost-Azië groter dan in Centraal-Azië (US$194,5) en in Zuid-Azië (US$91,8); maar minder dan in Zuidwest-Azië (US$818,4) en in Oost-Azië (US$792,8). De groei van de handel in Zuidoost-Azië was groter dan in Oost-Azië (3,8%); maar minder dan in Centraal-Azië (8,5%), in Zuid-Azië (6,1%) en in Zuidwest-Azië (5,8%).

Leiders. De waarde van de handel in Zuidoost-Azië in de jaren 2000 bestond uit: Indonesië (34,5%), Thailand (19,9%), Singapore (13,6%), Maleisië (11,7%), Filipijnen (11,7%), en andere (8,6%). Het aandeel van de handel in economie van de leiders: Singapore (18,8%), Indonesië (18,3%), Filipijnen (18,1%), Thailand (17,9%) en Maleisië (14,1%). De toegevoegde waarde van de handel per hoofd in Zuidoost-Azië onder de leiders: Singapore ($5.464,9), Maleisië ($806,3), Thailand ($536,8), Indonesië ($268,5) en Filipijnen ($240,2). De groei van de handel onder de leiders: Singapore (7,0%), Maleisië (6,5%), Indonesië (5,7%), Filipijnen (5,1%) en Thailand (2,9%).

de jaren 2010

De toegevoegde waarde van de handel in Zuidoost-Azië bedroeg in de jaren 2010 US$451,0 miljard per jaar. Het aandeel in de wereld was 4,3%, en 12,5% in Azië.

Het aandeel van de handel in de economie van Zuidoost-Azië was 18,0% in de jaren 2010, en was vergelijkbaar met Griekenland (18,1%), Jemen (17,9%), Oost-Timor (17,9%).

De sector van de handel per hoofd in Zuidoost-Azië was $715,8 in de jaren 2010s, en was vergelijkbaar met Paraguay (US$718,8), Ecuador (US$711,6), Djibouti (US$709,7). De waarde van de handel per hoofd in Zuidoost-Azië was in 2,0 keer lager dan de handel per hoofd van de bevolking in de wereld ($1.436,8), en was 12,8% lager dan de handel per hoofd van de bevolking in Azië ($1.436,8).

De groei van de handel in Zuidoost-Azië bedroeg 5.9% in de jaren 2010, en was vergelijkbaar met de Seychellen (5,8%). De groei van de handel in Zuidoost-Azië (5,9%) was groter dan de groei van de handel in de wereld (3,3%), was groter dan de groei van de handel in Azië (5,6%).

Vergelijking met subregio's. De toegevoegde waarde van de handel in Zuidoost-Azië was 17,2% groter dan in Zuid-Azië (US$384,7 miljard), 26,4% groter dan in Zuidwest-Azië (US$356,9 miljard) en 11,4 keer groter dan in Centraal-Azië (US$39,4 miljard); maar 5,3 keer minder dan in Oost-Azië (US$2,4 biljoen). De toegevoegde waarde van de handel per hoofd in Zuidoost-Azië was in Zuidoost-Azië23,4% groter dan in Centraal-Azië (US$579,9) en 3,4 keer groter dan in Zuid-Azië (US$211,8); maar 2,0 keer minder dan in Oost-Azië (US$1.455,8) en 49,0% minder dan in Zuidwest-Azië (US$1.402,8). De groei van de handel in Zuidoost-Azië was groter dan in Oost-Azië (5,3%) en in Zuidwest-Azië (5,0%); maar minder dan in Centraal-Azië (7,9%) en in Zuid-Azië (7,0%).

Leiders. De waarde van de handel in Zuidoost-Azië in de jaren 2010 bestond uit: Indonesië (33,4%), Thailand (17,9%), Singapore (13,5%), Maleisië (12,9%), Filipijnen (12,5%), en andere (9,8%). Het aandeel van de handel in economie van de leiders: Singapore (20,4%), Filipijnen (19,9%), Thailand (19,1%), Maleisië (18,5%) en Indonesië (16,6%). De toegevoegde waarde van de handel per hoofd in Zuidoost-Azië onder de leiders: Singapore ($10.995,5), Maleisië ($1.929,6), Thailand ($1.179,8), Indonesië ($587,3) en Filipijnen ($556,7). De groei van de handel onder de leiders: Maleisië (7,0%), Filipijnen (6,7%), Thailand (6,1%), Indonesië (5,5%) en Singapore (4,6%).

Hoofdstuk IX. Diensten

(ISIC J-P)

De diensten van Zuidoost-Azië zijn gestegen van US$16,0 miljard per jaar in de jaren 1970 tot US$635,2 miljard per jaar in de jaren 2010, dat wil zeggen met US$619,2 miljard of 39,7 keer. De verandering vond plaats op US$484,5 miljard als gevolg van een 4,2-voudige stijging van de prijzen, en ook op US$118,7 miljard als gevolg van een 4,7-voudige toename van de productiviteit , evenals op US$16,0 miljard als gevolg van de toename van de bevolking. De gemiddelde jaarlijkse groei van de diensten is 5,8%. De minimumwaarde van de diensten bedroeg US$7,4 miljard in 1970. De maximumwaarde van de diensten bedroeg US$805,5 miljard in 2019.

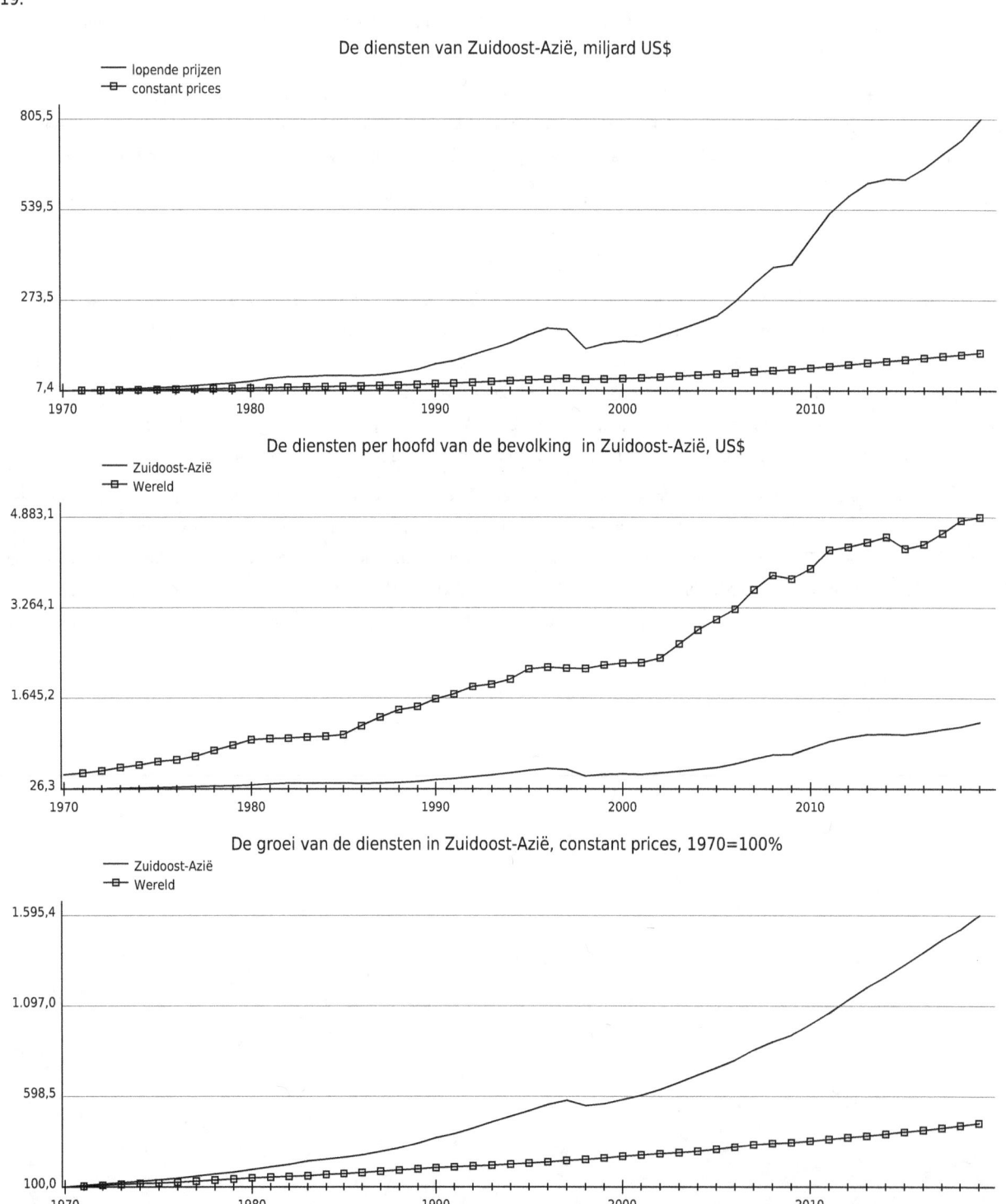

De diensten van Zuidoost-Azië, miljard US$

De diensten per hoofd van de bevolking in Zuidoost-Azië, US$

De groei van de diensten in Zuidoost-Azië, constant prices, 1970=100%

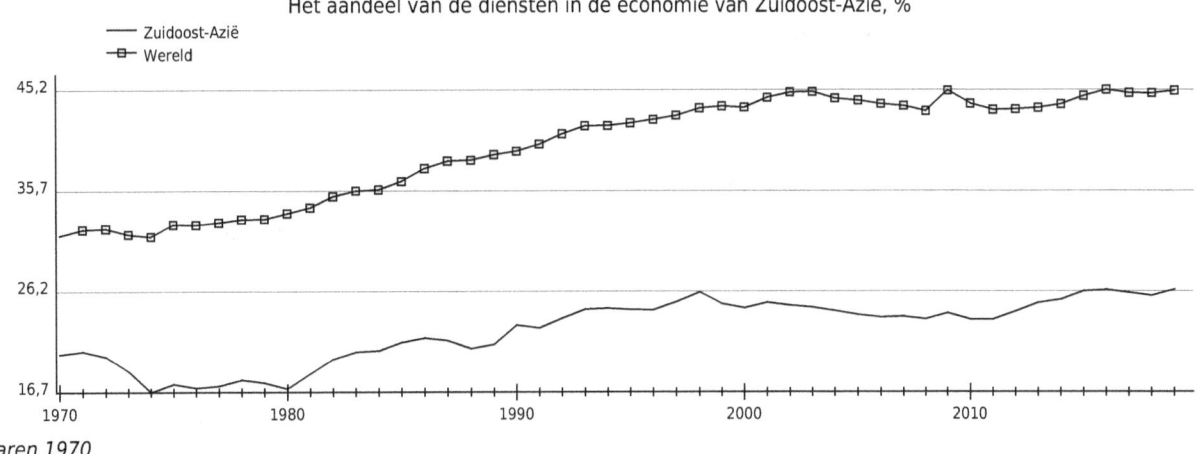

Het aandeel van de diensten in de economie van Zuidoost-Azië, %

de jaren 1970

De waarde van de diensten in Zuidoost-Azië bedroeg in de jaren 1970 US$16,0 miljard per jaar. Het aandeel in de wereld was 0,78%, en 5,7% in Azië.

Het aandeel van de diensten in de economie van Zuidoost-Azië was 17,9% in de jaren 1970, en was vergelijkbaar met Roemenië (17,9%), Jemen (17,9%).

De sector van de diensten per hoofd in Zuidoost-Azië was $50,8 in de jaren 1970s, en was vergelijkbaar met Benin (US$51,3), Zuid-Azië (US$50,1), Oeganda (US$51,7). De toegevoegde waarde van de diensten per hoofd in Zuidoost-Azië was in 10,0 keer lager dan de diensten per hoofd van de bevolking in de wereld ($506,9), en was in 2,4 keer lager dan de diensten per hoofd van de bevolking in Azië ($506,9).

De groei van de diensten in Zuidoost-Azië bedroeg 6.8% in de jaren 1970. De groei van de diensten in Zuidoost-Azië (6,8%) was groter dan de groei van de diensten in de wereld (4,1%), was groter dan de groei van de diensten in Azië (6,5%).

Vergelijking met subregio's. De waarde van de diensten in Zuidoost-Azië was minder dan in Oost-Azië (US$187,1 miljard), in Zuid-Azië (US$41,4 miljard) en in Zuidwest-Azië (US$37,7 miljard). De sector van de diensten per hoofd in Zuidoost-Azië was in Zuidoost-Azië groter dan in Zuid-Azië (US$50,1); maar minder dan in Zuidwest-Azië (US$446,5) en in Oost-Azië (US$170,8). De groei van de diensten in Zuidoost-Azië was groter dan in Oost-Azië (6,1%); maar minder dan in Zuid-Azië (8,3%) en in Zuidwest-Azië (7,2%).

Leiders. De sector van de diensten in Zuidoost-Azië in de jaren 1970 bestond uit: Indonesië (29,3%), Filipijnen (19,4%), Thailand (17,2%), Maleisië (13,0%), Singapore (8,8%), en andere (12,3%). Het aandeel van de diensten in economie van de leiders: Singapore (27,8%), Maleisië (20,7%), Filipijnen (19,1%), Thailand (17,6%) en Indonesië (14,9%). De diensten per hoofd in Zuidoost-Azië onder de leiders: Singapore ($634,1), Maleisië ($171,9), Filipijnen ($76,1), Thailand ($66,2) en Indonesië ($36,1). De groei van de diensten onder de leiders: Maleisië (9,5%), Indonesië (8,3%), Thailand (7,9%), Singapore (6,1%) en Filipijnen (5,0%).

de jaren 1980

De diensten van Zuidoost-Azië bedroegen in de jaren 1980 US$50,9 miljard per jaar, en waren vergelijkbaar met Mexico (US$50,3 miljard), India (US$51,5 miljard). Het aandeel in de wereld was 0,94%, en 5,1% in Azië.

Het aandeel van de diensten in de economie van Zuidoost-Azië was 20,4% in de jaren 1980, en was vergelijkbaar met Niger (20,6%), Haïti (20,3%).

De diensten per hoofd in Zuidoost-Azië waren $128,3 in de jaren 1980s, en waren vergelijkbaar met Kaapverdië (US$128,3), Liberia (US$126,0). De waarde van de diensten per hoofd in Zuidoost-Azië was in 8,7 keer lager dan de diensten per hoofd van de bevolking in de wereld ($1.115,5), en was in 2,7 keer lager dan de diensten per hoofd van de bevolking in Azië ($1.115,5).

De groei van de diensten in Zuidoost-Azië bedroeg 6.5% in de jaren 1980, en was vergelijkbaar met Ghana (6,5%). De groei van de diensten in Zuidoost-Azië (6,5%) was groter dan de groei van de diensten in de wereld (3,3%), was groter dan de groei van de diensten in Azië (5,3%).

Vergelijking met subregio's. De sector van de diensten in Zuidoost-Azië was minder dan in Oost-Azië (US$737,5 miljard), in Zuidwest-Azië (US$109,3 miljard) en in Zuid-Azië (US$99,5 miljard). De sector van de diensten per hoofd in Zuidoost-Azië was in

Zuidoost-Azië groter dan in Zuid-Azië (US$94,8); maar minder dan in Zuidwest-Azië (US$961,8) en in Oost-Azië (US$577,2). De groei van de diensten in Zuidoost-Azië was groter dan in Oost-Azië (6,3%), in Zuidwest-Azië (3,1%) en in Zuid-Azië (1,2%).

Leiders. De diensten van Zuidoost-Azië in de jaren 1980 bestonden uit: Indonesië (35,2%), Thailand (18,4%), Filipijnen (14,3%), Maleisië (14,2%), Singapore (12,5%), en andere (5,4%). Het aandeel van de diensten in economie van de leiders: Singapore (33,6%), Maleisië (23,5%), Thailand (20,0%), Filipijnen (19,0%) en Indonesië (18,4%). De toegevoegde waarde van de diensten per hoofd in Zuidoost-Azië onder de leiders: Singapore ($2.378,4), Maleisië ($464,2), Thailand ($181,7), Filipijnen ($135,8) en Indonesië ($109,3). De groei van de diensten onder de leiders: Singapore (10,1%), Indonesië (7,4%), Maleisië (6,2%), Thailand (6,1%) en Filipijnen (3,6%).

de jaren 1990

De waarde van de diensten in Zuidoost-Azië bedroeg in de jaren 1990 US$139,8 miljard per jaar, en was vergelijkbaar met Zuid-Korea (US$139,6 miljard), Mexico (US$138,9 miljard), China (US$138,4 miljard). Het aandeel in de wereld was 1,2%, en 5,5% in Azië.

Het aandeel van de diensten in de economie van Zuidoost-Azië was 24,5% in de jaren 1990, en was vergelijkbaar met Eritrea (24,3%), Thailand (24,7%), Letland (24,7%).

De waarde van de diensten per hoofd in Zuidoost-Azië was $290,4 in de jaren 1990s, en was vergelijkbaar met Wit-Rusland (US$291,6), de Comoren (US$293,2), Kiribati (US$297,0). De toegevoegde waarde van de diensten per hoofd in Zuidoost-Azië was in 6,9 keer lager dan de diensten per hoofd van de bevolking in de wereld ($2.014,6), en was in 2,5 keer lager dan de diensten per hoofd van de bevolking in Azië ($2.014,6).

De groei van de diensten in Zuidoost-Azië bedroeg 5% in de jaren 1990, en was vergelijkbaar met Bolivia (5,0%), Kiribati (5,0%). De groei van de diensten in Zuidoost-Azië (5,0%) was groter dan de groei van de diensten in de wereld (2,7%), was groter dan de groei van de diensten in Azië (4,5%).

Vergelijking met subregio's. De waarde van de diensten in Zuidoost-Azië was groter dan in Centraal-Azië (US$11,0 miljard); maar minder dan in Oost-Azië (US$2,1 biljoen), in Zuidwest-Azië (US$191,4 miljard) en in Zuid-Azië (US$141,2 miljard). De sector van de diensten per hoofd in Zuidoost-Azië was in Zuidoost-Azië groter dan in Centraal-Azië (US$208,7) en in Zuid-Azië (US$107,8); maar minder dan in Oost-Azië (US$1.411,7) en in Zuidwest-Azië (US$1.163,8). De groei van de diensten in Zuidoost-Azië was groter dan in Oost-Azië (4,3%), in Zuidwest-Azië (3,8%) en in Centraal-Azië (-4,1%); maar minder dan in Zuid-Azië (6,1%).

Leiders. De sector van de diensten in Zuidoost-Azië in de jaren 1990 bestond uit: Indonesië (26,2%), Thailand (23,4%), Singapore (18,2%), Maleisië (13,7%), Filipijnen (13,0%), en andere (5,6%). Het aandeel van de diensten in economie van de leiders: Singapore (37,1%), Filipijnen (25,5%), Maleisië (25,3%), Thailand (24,7%) en Indonesië (19,7%). De waarde van de diensten per hoofd in Zuidoost-Azië onder de leiders: Singapore ($7.315,8), Maleisië ($942,8), Thailand ($551,4), Filipijnen ($262,6) en Indonesië ($186,8). De groei van de diensten onder de leiders: Maleisië (7,9%), Singapore (6,0%), Thailand (5,2%), Filipijnen (3,5%) en Indonesië (3,2%).

de jaren 2000

De sector van de diensten in Zuidoost-Azië bedroeg in de jaren 2000 US$243,4 miljard per jaar. Het aandeel in de wereld was 1,2%, en 5,7% in Azië.

Het aandeel van de diensten in de economie van Zuidoost-Azië was 24,2% in de jaren 2000, en was vergelijkbaar met Tanzania (24,1%), Zimbabwe (24,2%).

De sector van de diensten per hoofd in Zuidoost-Azië was $436,6 in de jaren 2000s, en was vergelijkbaar met Centraal-Azië (US$434,4), Irak (US$441,2), Sri Lanka (US$429,8). De toegevoegde waarde van de diensten per hoofd in Zuidoost-Azië was in 6,9 keer lager dan de diensten per hoofd van de bevolking in de wereld ($3.011,2), en was in 2,5 keer lager dan de diensten per hoofd van de bevolking in Azië ($3.011,2).

De groei van de diensten in Zuidoost-Azië bedroeg 5.3% in de jaren 2000. De groei van de diensten in Zuidoost-Azië (5,3%) was groter dan de groei van de diensten in de wereld (2,9%), was minder dan de groei van de diensten in Azië (5,5%).

Vergelijking met subregio's. De diensten van Zuidoost-Azië waren groter dan in Centraal-Azië (US$25,3 miljard); maar minder dan in Oost-Azië (US$3,2 biljoen), in Zuidwest-Azië (US$423,3 miljard) en in Zuid-Azië (US$354,0 miljard). De diensten per hoofd in Zuidoost-Azië waren in Zuidoost-Azië groter dan in Centraal-Azië (US$434,4) en in Zuid-Azië (US$224,8); maar minder dan in Zuidwest-Azië (US$2,1 duizend) en in Oost-Azië (US$2,0 duizend). De groei van de diensten in Zuidoost-Azië was groter dan in Zuidwest-Azië (5,0%); maar minder dan in Centraal-Azië (7,3%), in Zuid-Azië (6,1%) en in Oost-Azië (5,4%).

Leiders. De sector van de diensten in Zuidoost-Azië in de jaren 2000 bestond uit: Indonesië (24,3%), Thailand (20,8%), Singapore (19,1%), Maleisië (14,9%), Filipijnen (13,1%), en andere (7,8%). Het aandeel van de diensten in economie van de leiders: Singapore (36,7%), Filipijnen (28,2%), Thailand (25,9%), Maleisië (24,9%) en Indonesië (18,0%). De sector van de diensten per hoofd in Zuidoost-Azië onder de leiders: Singapore ($10.693,2), Maleisië ($1.427,7), Thailand ($778,4), Filipijnen ($373,5) en Indonesië ($262,7). De groei van de diensten onder de leiders: Maleisië (6,1%), Indonesië (5,7%), Singapore (5,0%), Filipijnen (4,7%) en Thailand (4,6%).

de jaren 2010

De sector van de diensten in Zuidoost-Azië bedroeg in de jaren 2010 US$635,2 miljard per jaar. Het aandeel in de wereld was 1,9%, en 6,7% in Azië.

Het aandeel van de diensten in de economie van Zuidoost-Azië was 25,4% in de jaren 2010, en was vergelijkbaar met Qatar (25,4%), Zambia (25,4%).

De waarde van de diensten per hoofd in Zuidoost-Azië was $1.008,0 in de jaren 2010s, en was vergelijkbaar met Algerije (US$1.029,1). De waarde van de diensten per hoofd in Zuidoost-Azië was in 4,4 keer lager dan de diensten per hoofd van de bevolking in de wereld ($4.467,8), en was in 2,1 keer lager dan de diensten per hoofd van de bevolking in Azië ($4.467,8).

De groei van de diensten in Zuidoost-Azië bedroeg 5.5% in de jaren 2010, en was vergelijkbaar met Guinee-Bissau (5,5%), Soedan (5,5%), Gabon (5,5%). De groei van de diensten in Zuidoost-Azië (5,5%) was groter dan de groei van de diensten in de wereld (2,7%), was groter dan de groei van de diensten in Azië (5,4%).

Vergelijking met subregio's. De waarde van de diensten in Zuidoost-Azië was 8,6 keer groter dan in Centraal-Azië (US$73,9 miljard); maar 10,6 keer minder dan in Oost-Azië (US$6,8 biljoen), 35,3% minder dan in Zuid-Azië (US$981,2 miljard) en 34,6% minder dan in Zuidwest-Azië (US$971,0 miljard). De diensten per hoofd in Zuidoost-Azië waren in Zuidoost-Azië86,6% groter dan in Zuid-Azië (US$540,2); maar 4,1 keer minder dan in Oost-Azië (US$4,1 duizend), 3,8 keer minder dan in Zuidwest-Azië (US$3,8 duizend) en 7,3% minder dan in Centraal-Azië (US$1.087,7). De groei van de diensten in Zuidoost-Azië was groter dan in Oost-Azië (5,4%), in Centraal-Azië (5,1%) en in Zuidwest-Azië (4,0%); maar minder dan in Zuid-Azië (6,8%).

Leiders. De toegevoegde waarde van de diensten in Zuidoost-Azië in de jaren 2010 bestond uit: Indonesië (26,6%), Singapore (19,9%), Thailand (18,0%), Filipijnen (14,4%), Maleisië (12,0%), en andere (9,0%). Het aandeel van de diensten in economie van de leiders: Singapore (42,6%), Filipijnen (32,4%), Thailand (27,0%), Maleisië (24,3%) en Indonesië (18,7%). De sector van de diensten per hoofd in Zuidoost-Azië onder de leiders: Singapore ($22.905,9), Maleisië ($2.535,8), Thailand ($1.670,2), Filipijnen ($906,8) en Indonesië ($658,0). De groei van de diensten onder de leiders: Filipijnen (7,1%), Indonesië (6,2%), Maleisië (5,6%), Singapore (5,0%) en Thailand (3,4%).

Part III. Externe betrekkingen

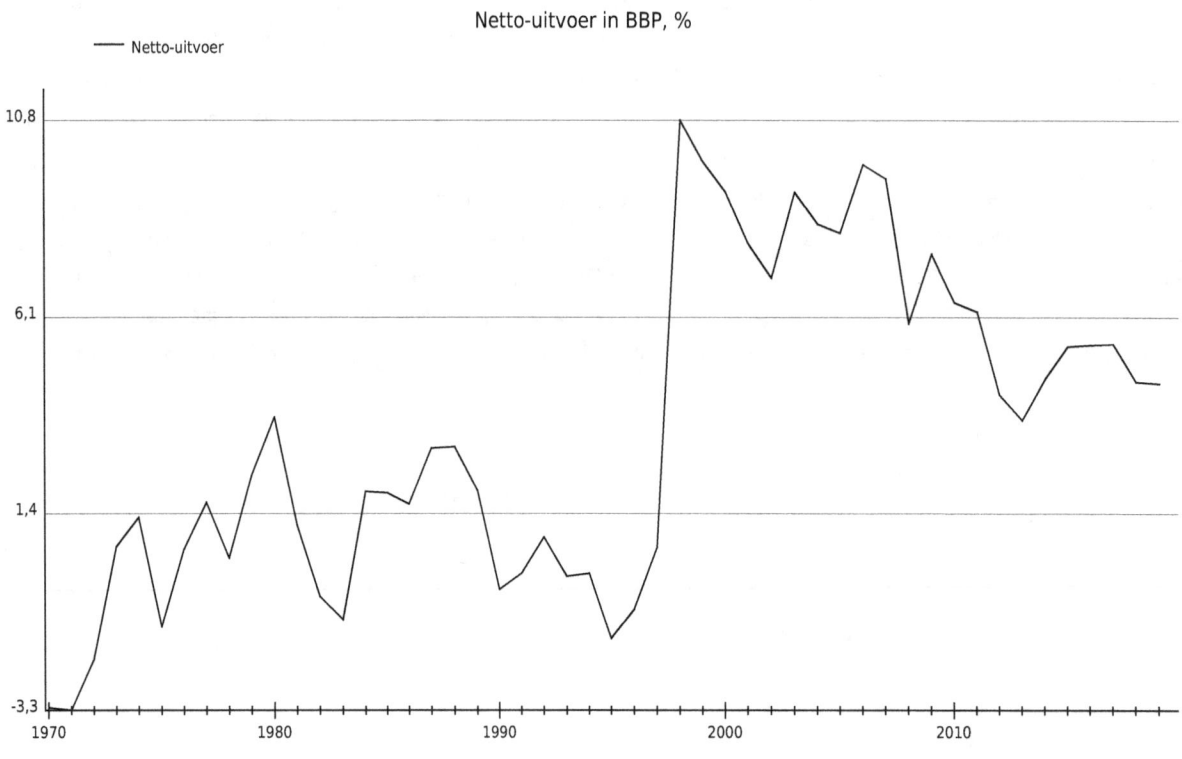

Netto-uitvoer in BBP, %

Hoofdstuk X. Uitvoer

Uitvoer van goederen en diensten

De waarde van de export in Zuidoost-Azië steeg van US$29,2 miljard per jaar in de jaren 1970 tot US$1,6 biljoen per jaar in de jaren 2010, dat wil zeggen met US$1,6 biljoen of 55,1 keer. De verandering vond plaats op US$1,0 biljoen als gevolg van een 2,8-voudige stijging van de prijzen, en ook op US$521,2 miljard als gevolg van een 10,0-voudige toename van het tarief per hoofd , evenals op US$29,1 miljard als gevolg van de toename van de bevolking. De gemiddelde jaarlijkse groei van de export is 7,7%. De minimumwaarde van de export bedroeg US$9,0 miljard in 1970. De maximumwaarde van de export bedroeg US$1,9 biljoen in 2018.

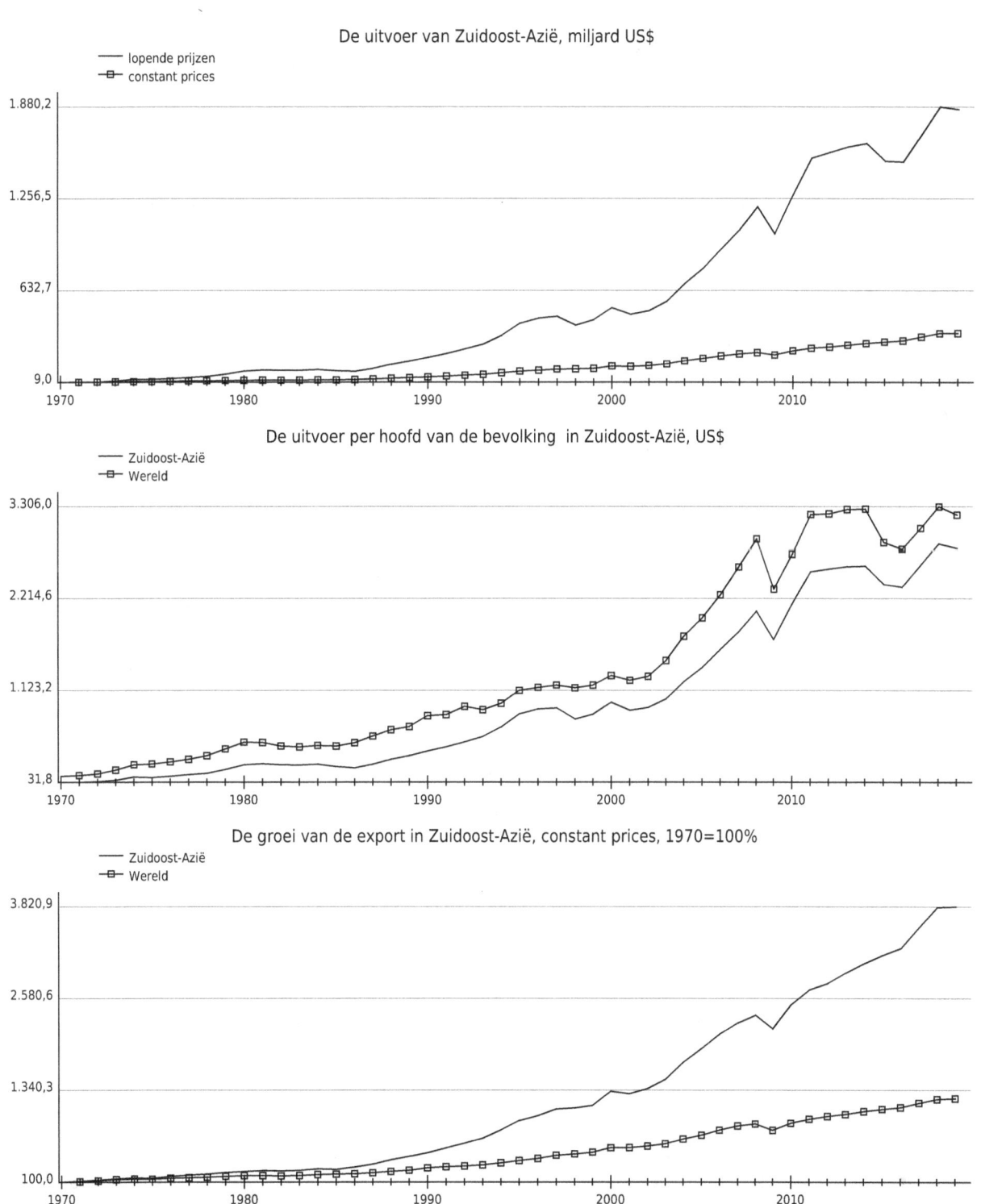

De uitvoer van Zuidoost-Azië, miljard US$

De uitvoer per hoofd van de bevolking in Zuidoost-Azië, US$

De groei van de export in Zuidoost-Azië, constant prices, 1970=100%

Het aandeel van de export in het BBP van Zuidoost-Azië, %

de jaren 1970

De waarde van de export in Zuidoost-Azië bedroeg in de jaren 1970 US$29,2 miljard per jaar, en was vergelijkbaar met Zuid-Amerika (US$29,6 miljard). Het aandeel in de wereld was 3,0%, en 13,8% in Azië.

Het aandeel van de export in het BBP van Zuidoost-Azië was 31,8% in de jaren 1970, en was vergelijkbaar met Iran (31,8%).

De uitvoer per hoofd in Zuidoost-Azië was $92,4 in de jaren 1970s, en was vergelijkbaar met Azië (US$90,8), Colombia (US$90,7). De uitvoer per hoofd in Zuidoost-Azië was in 2,6 keer lager dan de export per hoofd van de bevolking in de wereld ($242,1), en was 1,7% hoger dan de export per hoofd van de bevolking in Azië ($242,1).

De groei van de export in Zuidoost-Azië bedroeg 9.6% in de jaren 1970, en was vergelijkbaar met Zuidwest-Azië (9,6%). De groei van de export in Zuidoost-Azië (9,6%) was groter dan de groei van de export in de wereld (6,5%), was groter dan de groei van de export in Azië (7,9%).

Vergelijking met subregio's. De uitvoer van Zuidoost-Azië was groter dan in Zuid-Azië (US$23,9 miljard); maar minder dan in Oost-Azië (US$96,5 miljard) en in Zuidwest-Azië (US$61,3 miljard). De uitvoer per hoofd in Zuidoost-Azië was in Zuidoost-Azië groter dan in Oost-Azië (US$88,1) en in Zuid-Azië (US$28,9); maar minder dan in Zuidwest-Azië (US$726,2). De groei van de export in Zuidoost-Azië was groter dan in Zuid-Azië (-1,3%); maar minder dan in Oost-Azië (10,2%) en in Zuidwest-Azië (9,6%).

Leiders. De waarde van de export in Zuidoost-Azië in de jaren 1970 bestond uit: Singapore (27,6%), Indonesië (25,8%), Maleisië (17,0%), Thailand (10,2%), Filipijnen (10,2%), en andere (9,2%). Het aandeel van de export in BBP van de leiders: Singapore (151,7%), Maleisië (48,8%), Indonesië (22,3%), Thailand (19,1%) en Filipijnen (18,1%). De uitvoer per hoofd in Zuidoost-Azië onder de leiders: Singapore ($3.600,3), Maleisië ($410,6), Filipijnen ($72,6), Thailand ($71,6) en Indonesië ($57,9). De groei van de export onder de leiders: Singapore (12,1%), Maleisië (11,0%), Thailand (9,7%), Indonesië (9,1%) en Filipijnen (6,7%).

de jaren 1980

De waarde van de export in Zuidoost-Azië bedroeg in de jaren 1980 US$100,5 miljard per jaar, en was vergelijkbaar met Canada (US$101,1 miljard), de Nederland (US$103,0 miljard). Het aandeel in de wereld was 3,9%, en 15,5% in Azië.

Het aandeel van de export in het BBP van Zuidoost-Azië was 39,7% in de jaren 1980, en was vergelijkbaar met de Verenigde Arabische Emiraten (39,7%), Jordanië (39,6%), Trinidad en Tobago (39,9%).

De waarde van de export per hoofd in Zuidoost-Azië was $253,4 in de jaren 1980s, en was vergelijkbaar met Turkije (US$252,2), Tonga (US$257,1), Mauritanië (US$259,0). De waarde van de export per hoofd in Zuidoost-Azië was in 2,1 keer lager dan de export per hoofd van de bevolking in de wereld ($529,9), en was 10,6% hoger dan de export per hoofd van de bevolking in Azië ($529,9).

De groei van de export in Zuidoost-Azië bedroeg 6.9% in de jaren 1980, en was vergelijkbaar met Ivoorkust (6,9%), Saint Lucia (6,9%), Congo (6,9%). De groei van de export in Zuidoost-Azië (6,9%) was groter dan de groei van de export in de wereld (3,8%), was groter dan de groei van de export in Azië (4,1%).

Vergelijking met subregio's. De uitvoer van Zuidoost-Azië was groter dan in Zuid-Azië (US$33,9 miljard); maar minder dan in Oost-Azië (US$365,8 miljard) en in Zuidwest-Azië (US$149,6 miljard). De waarde van de export per hoofd in Zuidoost-Azië was in Zuidoost-Azië groter dan in Zuid-Azië (US$32,3); maar minder dan in Zuidwest-Azië (US$1.316,5) en in Oost-Azië (US$286,3). De groei van de export in Zuidoost-Azië was groter dan in Zuid-Azië (0,49%) en in Zuidwest-Azië (-0,88%); maar minder dan in Oost-Azië (9,6%).

Leiders. De waarde van de export in Zuidoost-Azië in de jaren 1980 bestond uit: Singapore (33,9%), Indonesië (23,5%), Maleisië (17,8%), Thailand (12,2%), Filipijnen (7,9%), en andere (4,7%). Het aandeel van de export in BBP van de leiders: Singapore (172,7%), Maleisië (58,5%), Thailand (26,1%), Indonesië (23,3%) en Filipijnen (20,9%). De uitvoer per hoofd in Zuidoost-Azië onder de leiders: Singapore ($12.730,8), Maleisië ($1.153,9), Thailand ($237,1), Filipijnen ($148,4) en Indonesië ($144,1). De groei van de export onder de leiders: Thailand (13,2%), Singapore (11,2%), Maleisië (9,4%), Filipijnen (6,8%) en Indonesië (1,7%).

de jaren 1990

De waarde van de export in Zuidoost-Azië bedroeg in de jaren 1990 US$335,4 miljard per jaar, en was vergelijkbaar met Frankrijk (US$329,8 miljard). Het aandeel in de wereld was 5,7%, en 21,2% in Azië.

Het aandeel van de export in het BBP van Zuidoost-Azië was 58,7% in de jaren 1990.

De uitvoer per hoofd in Zuidoost-Azië was $696,7 in de jaren 1990s, en was vergelijkbaar met Papoea-Nieuw-Guinea (US$687,8), de Dominicaanse Republiek (US$711,4). De waarde van de export per hoofd in Zuidoost-Azië was 32,3% lager dan de export per hoofd van de bevolking in de wereld ($1.029,5), en was 52,6% hoger dan de export per hoofd van de bevolking in Azië ($1.029,5).

De groei van de export in Zuidoost-Azië bedroeg 9.8% in de jaren 1990, en was vergelijkbaar met Angola (9,7%). De groei van de export in Zuidoost-Azië (9,8%) was groter dan de groei van de export in de wereld (6,9%), was groter dan de groei van de export in Azië (8,1%).

Vergelijking met subregio's. De uitvoer van Zuidoost-Azië was groter dan in Zuidwest-Azië (US$202,1 miljard), in Zuid-Azië (US$75,6 miljard) en in Centraal-Azië (US$16,9 miljard); maar minder dan in Oost-Azië (US$952,3 miljard). De waarde van de export per hoofd in Zuidoost-Azië was in Zuidoost-Azië groter dan in Oost-Azië (US$654,0), in Centraal-Azië (US$320,5) en in Zuid-Azië (US$57,7); maar minder dan in Zuidwest-Azië (US$1.228,5). De groei van de export in Zuidoost-Azië was groter dan in Oost-Azië (9,1%), in Zuid-Azië (6,8%), in Zuidwest-Azië (5,2%) en in Centraal-Azië (-5,9%).

Leiders. De uitvoer van Zuidoost-Azië in de jaren 1990 bestond uit: Singapore (37,1%), Maleisië (20,4%), Thailand (16,7%), Indonesië (15,2%), Filipijnen (7,1%), en andere (3,5%). Het aandeel van de export in BBP van de leiders: Singapore (171,0%), Maleisië (93,1%), Thailand (42,4%), Filipijnen (33,7%) en Indonesië (27,3%). De waarde van de export per hoofd in Zuidoost-Azië onder de leiders: Singapore ($35.765,6), Maleisië ($3.372,3), Thailand ($946,0), Filipijnen ($346,5) en Indonesië ($260,4). De groei van de export onder de leiders: Maleisië (12,5%), Thailand (10,9%), Singapore (10,6%), Filipijnen (6,6%) en Indonesië (4,4%).

de jaren 2000

De waarde van de export in Zuidoost-Azië bedroeg in de jaren 2000 US$767,6 miljard per jaar, en was vergelijkbaar met China (US$780,2 miljard). Het aandeel in de wereld was 6,1%, en 19,2% in Azië.

Het aandeel van de export in het BBP van Zuidoost-Azië was 75,3% in de jaren 2000, en was vergelijkbaar met Aruba (74,8%).

De waarde van de export per hoofd in Zuidoost-Azië was $1.376,7 in de jaren 2000s, en was vergelijkbaar met Guyana (US$1.387,9), Zuidelijk Afrika (US$1.352,2), Roemenië (US$1.346,2). De waarde van de export per hoofd in Zuidoost-Azië was 28,8% lager dan de export per hoofd van de bevolking in de wereld ($1.933,7), en was 36,1% hoger dan de export per hoofd van de bevolking in Azië ($1.933,7).

De groei van de export in Zuidoost-Azië bedroeg 6.7% in de jaren 2000, en was vergelijkbaar met Slovenië (6,7%), Marokko (6,7%). De groei van de export in Zuidoost-Azië (6,7%) was groter dan de groei van de export in de wereld (4,8%), was minder dan de groei van de export in Azië (7,5%).

Vergelijking met subregio's. De uitvoer van Zuidoost-Azië was groter dan in Zuidwest-Azië (US$653,2 miljard), in Zuid-Azië (US$259,8 miljard) en in Centraal-Azië (US$50,0 miljard); maar minder dan in Oost-Azië (US$2,3 biljoen). De uitvoer per hoofd in Zuidoost-Azië was in Zuidoost-Azië groter dan in Centraal-Azië (US$858,1) en in Zuid-Azië (US$165,0); maar minder dan in Zuidwest-Azië (US$3,2 duizend) en in Oost-Azië (US$1.455,3). De groei van de export in Zuidoost-Azië was groter dan in Zuidwest-Azië (3,9%); maar minder dan in Zuid-Azië (9,2%), in Oost-Azië (8,9%) en in Centraal-Azië (7,7%).

Leiders. De uitvoer van Zuidoost-Azië in de jaren 2000 bestond uit: Singapore (36,3%), Maleisië (20,2%), Thailand (16,9%), Indonesië (13,3%), Filipijnen (6,3%), en andere (7,0%). Het aandeel van de export in BBP van de leiders: Singapore (208,4%), Maleisië (106,5%),

Thailand (66,5%), Filipijnen (43,0%) en Indonesië (30,4%). De uitvoer per hoofd in Zuidoost-Azië onder de leiders: Singapore ($64.015,7), Maleisië ($6.089,9), Thailand ($1.996,7), Filipijnen ($569,7) en Indonesië ($453,4). De groei van de export onder de leiders: Singapore (7,9%), Indonesië (7,5%), Thailand (6,4%), Maleisië (4,2%) en Filipijnen (4,0%).

de jaren 2010

De waarde van de export in Zuidoost-Azië bedroeg in de jaren 2010 US$1,6 biljoen per jaar. Het aandeel in de wereld was 7,1%, en 18,6% in Azië.

Het aandeel van de export in het BBP van Zuidoost-Azië was 62,4% in de jaren 2010, en was vergelijkbaar met Bulgarije (62,7%), Brunei (61,8%), Koeweit (63,0%).

De waarde van de export per hoofd in Zuidoost-Azië was $2.551,2 in de jaren 2010s. De uitvoer per hoofd in Zuidoost-Azië was 17,7% lager dan de export per hoofd van de bevolking in de wereld ($3.098,9), en was 29,9% hoger dan de export per hoofd van de bevolking in Azië ($3.098,9).

De groei van de export in Zuidoost-Azië bedroeg 5.8% in de jaren 2010, en was vergelijkbaar met India (5,8%), Slovenië (5,9%). De groei van de export in Zuidoost-Azië (5,8%) was groter dan de groei van de export in de wereld (4,4%), was groter dan de groei van de export in Azië (5,3%).

Vergelijking met subregio's. De waarde van de export in Zuidoost-Azië was 12,6% groter dan in Zuidwest-Azië (US$1,4 biljoen), 2,4 keer groter dan in Zuid-Azië (US$663,8 miljard) en 13,8 keer groter dan in Centraal-Azië (US$116,3 miljard); maar 3,0 keer minder dan in Oost-Azië (US$4,8 biljoen). De waarde van de export per hoofd in Zuidoost-Azië was in Zuidoost-Azië49,0% groter dan in Centraal-Azië (US$1.711,9) en 7,0 keer groter dan in Zuid-Azië (US$365,5); maar 2,2 keer minder dan in Zuidwest-Azië (US$5,6 duizend) en 13,6% minder dan in Oost-Azië (US$3,0 duizend). De groei van de export in Zuidoost-Azië was groter dan in Oost-Azië (5,6%), in Zuid-Azië (4,2%), in Zuidwest-Azië (4,2%) en in Centraal-Azië (3,9%).

Leiders. De uitvoer van Zuidoost-Azië in de jaren 2010 bestond uit: Singapore (36,1%), Thailand (17,9%), Maleisië (14,5%), Indonesië (12,8%), Vietnam (10,9%), en andere (7,8%). Het aandeel van de export in BBP van de leiders: Singapore (184,0%), Vietnam (92,5%), Maleisië (73,6%), Thailand (67,6%) en Indonesië (22,1%). De uitvoer per hoofd in Zuidoost-Azië onder de leiders: Singapore ($104.878,8), Maleisië ($7.768,3), Thailand ($4.196,0), Vietnam ($1.900,3) en Indonesië ($804,2). De groei van de export onder de leiders: Vietnam (13,4%), Singapore (5,3%), Indonesië (4,6%), Thailand (4,2%) en Maleisië (2,9%).

Hoofdstuk XI. Invoer

Invoer van goederen en diensten

De invoer van Zuidoost-Azië steeg van US$28,8 miljard per jaar in de jaren 1970 tot US$1,5 biljoen per jaar in de jaren 2010, dat wil zeggen met US$1,5 biljoen of 51,4 keer. De verandering vond plaats op US$846,9 miljard als gevolg van een 2,3-voudige stijging van de prijzen, en ook op US$574,5 miljard als gevolg van een 11,0-voudige toename van het tarief per hoofd , evenals op US$28,7 miljard als gevolg van de toename van de bevolking. De gemiddelde jaarlijkse groei van de invoer is 7,8%. De minimumwaarde van de invoer bedroeg US$10,2 miljard in 1970. De maximumwaarde van de invoer bedroeg US$1,7 biljoen in 2018.

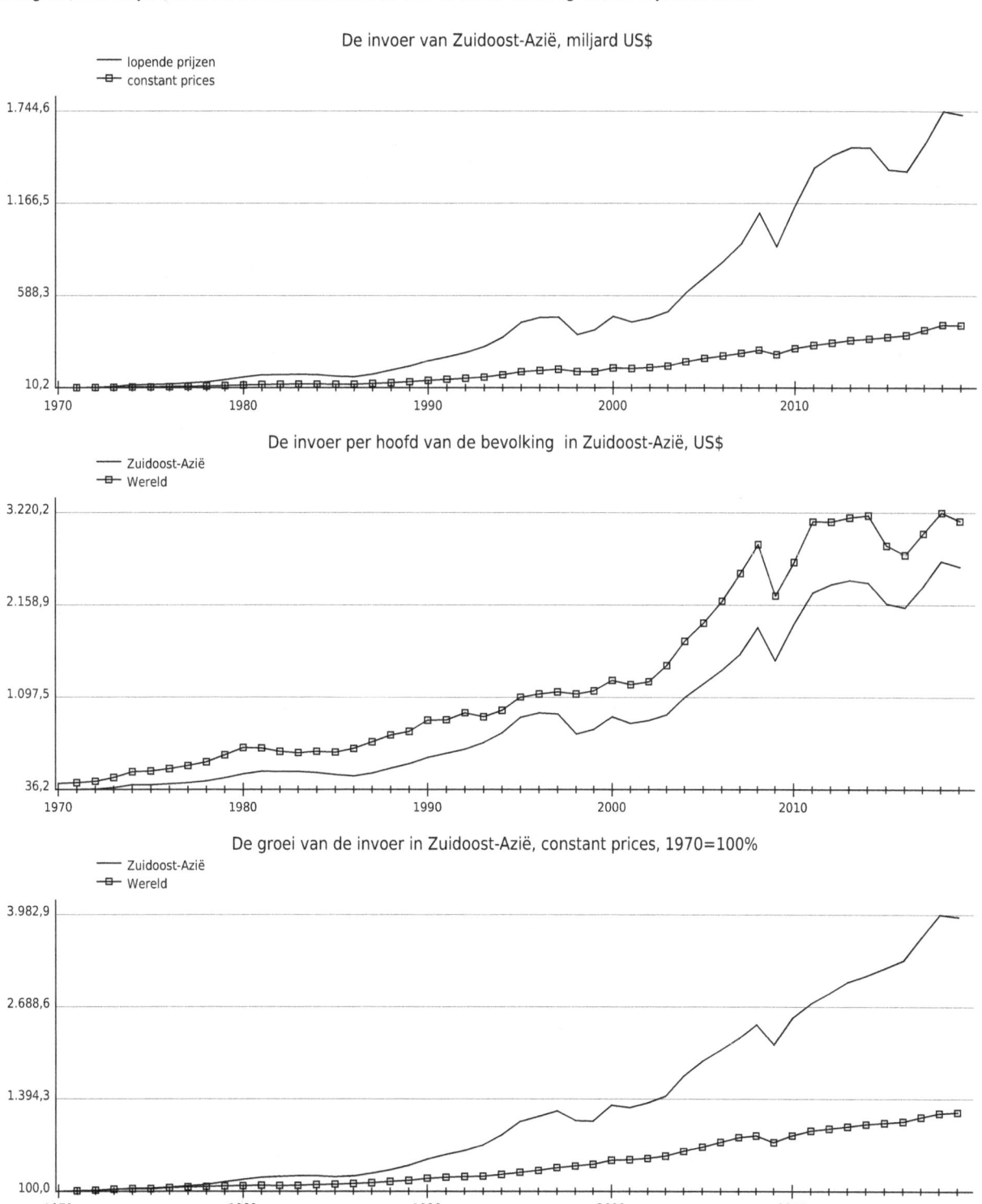

De invoer van Zuidoost-Azië, miljard US$

De invoer per hoofd van de bevolking in Zuidoost-Azië, US$

De groei van de invoer in Zuidoost-Azië, constant prices, 1970=100%

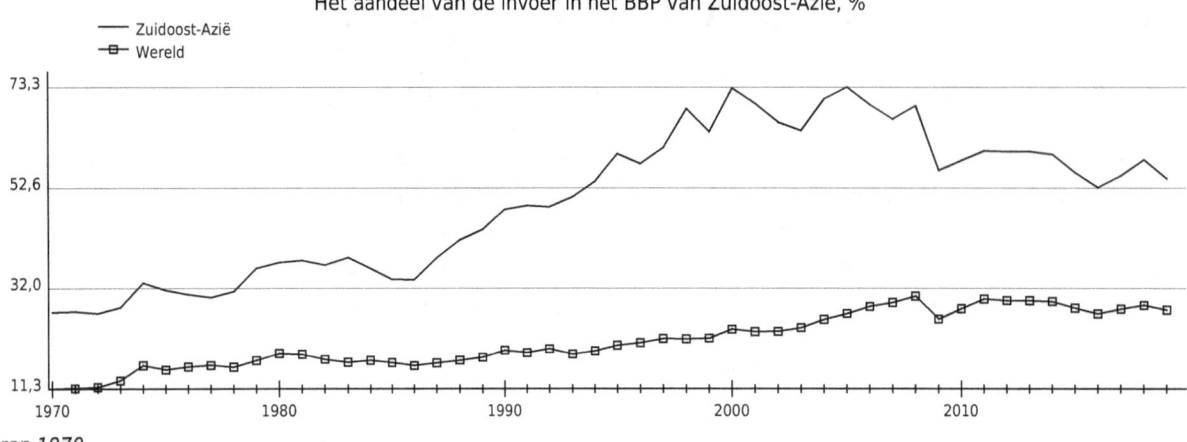

de jaren 1970

De invoer van Zuidoost-Azië bedroeg in de jaren 1970 US$28,8 miljard per jaar. Het aandeel in de wereld was 2,9%, en 15,6% in Azië.

Het aandeel van de invoer in het BBP van Zuidoost-Azië was 31,4% in de jaren 1970, en was vergelijkbaar met Sierra Leone (31,5%), Mauritanië (31,6%).

De waarde van de invoer per hoofd in Zuidoost-Azië was $91,2 in de jaren 1970s, en was vergelijkbaar met Brazilië (US$89,8), de Filipijnen (US$89,3). De invoer per hoofd in Zuidoost-Azië was in 2,7 keer lager dan de invoer per hoofd van de bevolking in de wereld ($244,3), en was 14,6% hoger dan de invoer per hoofd van de bevolking in Azië ($244,3).

De groei van de invoer in Zuidoost-Azië bedroeg 9.8% in de jaren 1970, en was vergelijkbaar met Togo (9,9%). De groei van de invoer in Zuidoost-Azië (9,8%) was groter dan de groei van de invoer in de wereld (6,3%), was groter dan de groei van de invoer in Azië (9,6%).

Vergelijking met subregio's. De invoer van Zuidoost-Azië was groter dan in Zuid-Azië (US$22,3 miljard); maar minder dan in Oost-Azië (US$94,2 miljard) en in Zuidwest-Azië (US$39,5 miljard). De invoer per hoofd in Zuidoost-Azië was in Zuidoost-Azië groter dan in Oost-Azië (US$86,0) en in Zuid-Azië (US$27,0); maar minder dan in Zuidwest-Azië (US$468,1). De groei van de invoer in Zuidoost-Azië was groter dan in Oost-Azië (8,9%) en in Zuid-Azië (8,2%); maar minder dan in Zuidwest-Azië (12,1%).

Leiders. De waarde van de invoer in Zuidoost-Azië in de jaren 1970 bestond uit: Singapore (29,4%), Indonesië (22,1%), Maleisië (15,3%), Filipijnen (12,7%), Thailand (12,6%), en andere (8,0%). Het aandeel van de invoer in BBP van de leiders: Singapore (159,9%), Maleisië (43,3%), Thailand (23,1%), Filipijnen (22,2%) en Indonesië (18,9%). De waarde van de invoer per hoofd in Zuidoost-Azië onder de leiders: Singapore ($3.796,1), Maleisië ($364,3), Filipijnen ($89,3), Thailand ($86,7) en Indonesië ($48,9). De groei van de invoer onder de leiders: Indonesië (17,8%), Maleisië (12,0%), Singapore (10,3%), Filipijnen (7,2%) en Thailand (7,1%).

de jaren 1980

De invoer van Zuidoost-Azië bedroeg in de jaren 1980 US$96,3 miljard per jaar, en was vergelijkbaar met de Nederland (US$95,2 miljard), Canada (US$94,9 miljard). Het aandeel in de wereld was 3,7%, en 16,0% in Azië.

Het aandeel van de invoer in het BBP van Zuidoost-Azië was 38,1% in de jaren 1980, en was vergelijkbaar met Honduras (37,7%).

De waarde van de invoer per hoofd in Zuidoost-Azië was $242,9 in de jaren 1980s, en was vergelijkbaar met Colombia (US$245,1), Centraal-Afrika (US$245,4), Turkije (US$246,8). De waarde van de invoer per hoofd in Zuidoost-Azië was in 2,2 keer lager dan de invoer per hoofd van de bevolking in de wereld ($539,1), en was 14,6% hoger dan de invoer per hoofd van de bevolking in Azië ($539,1).

De groei van de invoer in Zuidoost-Azië bedroeg 7.1% in de jaren 1980, en was vergelijkbaar met Cyprus (7,1%), India (7,1%). De groei van de invoer in Zuidoost-Azië (7,1%) was groter dan de groei van de invoer in de wereld (3,8%), was groter dan de groei van de invoer in Azië (4,9%).

Vergelijking met subregio's. De invoer van Zuidoost-Azië was groter dan in Zuid-Azië (US$52,0 miljard); maar minder dan in Oost-Azië (US$322,2 miljard) en in Zuidwest-Azië (US$130,7 miljard). De waarde van de invoer per hoofd in Zuidoost-Azië was in Zuidoost-Azië groter dan in Zuid-Azië (US$49,6); maar minder dan in Zuidwest-Azië (US$1.150,0) en in Oost-Azië (US$252,2). De groei van de invoer in Zuidoost-Azië was groter dan in Oost-Azië (6,9%), in Zuidwest-Azië (3,2%) en in Zuid-Azië (-0,073%).

Leiders. De waarde van de invoer in Zuidoost-Azië in de jaren 1980 bestond uit: Singapore (34,7%), Indonesië (21,0%), Maleisië (17,6%), Thailand (14,0%), Filipijnen (9,5%), en andere (3,2%). Het aandeel van de invoer in BBP van de leiders: Singapore (169,9%), Maleisië (55,4%), Thailand (28,8%), Filipijnen (23,9%) en Indonesië (20,0%). De waarde van de invoer per hoofd in Zuidoost-Azië onder de leiders: Singapore ($12.519,5), Maleisië ($1.092,1), Thailand ($262,0), Filipijnen ($170,0) en Indonesië ($123,4). De groei van de invoer onder de leiders: Singapore (10,4%), Maleisië (9,2%), Thailand (9,2%), Filipijnen (5,0%) en Indonesië (3,7%).

de jaren 1990

De invoer van Zuidoost-Azië bedroeg in de jaren 1990 US$325,6 miljard per jaar, en was vergelijkbaar met het Verenigd Koninkrijk (US$330,2 miljard). Het aandeel in de wereld was 5,6%, en 21,8% in Azië.

Het aandeel van de invoer in het BBP van Zuidoost-Azië was 57,0% in de jaren 1990, en was vergelijkbaar met Wit-Rusland (57,0%), Fiji (57,1%), Macau (57,1%).

De waarde van de invoer per hoofd in Zuidoost-Azië was $676,3 in de jaren 1990s, en was vergelijkbaar met Kazachstan (US$669,7), Zuid-Afrika (US$685,2), Sao Tomé en Principe (US$664,8). De invoer per hoofd in Zuidoost-Azië was 33,4% lager dan de invoer per hoofd van de bevolking in de wereld ($1.015,5), en was 57,2% hoger dan de invoer per hoofd van de bevolking in Azië ($1.015,5).

De groei van de invoer in Zuidoost-Azië bedroeg 8.9% in de jaren 1990, en was vergelijkbaar met Paraguay (8,9%), Nepal (8,9%), Israël (8,9%). De groei van de invoer in Zuidoost-Azië (8,9%) was groter dan de groei van de invoer in de wereld (6,6%), was groter dan de groei van de invoer in Azië (6,8%).

Vergelijking met subregio's. De invoer van Zuidoost-Azië was groter dan in Zuidwest-Azië (US$197,4 miljard), in Zuid-Azië (US$85,4 miljard) en in Centraal-Azië (US$20,0 miljard); maar minder dan in Oost-Azië (US$861,9 miljard). De invoer per hoofd in Zuidoost-Azië was in Zuidoost-Azië groter dan in Oost-Azië (US$591,9), in Centraal-Azië (US$378,9) en in Zuid-Azië (US$65,2); maar minder dan in Zuidwest-Azië (US$1.199,8). De groei van de invoer in Zuidoost-Azië was groter dan in Oost-Azië (7,2%), in Zuidwest-Azië (4,3%), in Zuid-Azië (4,2%) en in Centraal-Azië (-12,2%).

Leiders. De invoer van Zuidoost-Azië in de jaren 1990 bestond uit: Singapore (34,7%), Maleisië (20,0%), Thailand (17,8%), Indonesië (13,9%), Filipijnen (9,1%), en andere (4,5%). Het aandeel van de invoer in BBP van de leiders: Singapore (155,6%), Maleisië (88,6%), Thailand (43,7%), Filipijnen (42,0%) en Indonesië (24,1%). De invoer per hoofd in Zuidoost-Azië onder de leiders: Singapore ($32.529,7), Maleisië ($3.208,8), Thailand ($976,3), Filipijnen ($431,5) en Indonesië ($230,1). De groei van de invoer onder de leiders: Maleisië (11,6%), Singapore (10,6%), Filipijnen (7,3%), Thailand (6,8%) en Indonesië (5,3%).

de jaren 2000

De waarde van de invoer in Zuidoost-Azië bedroeg in de jaren 2000 US$684,8 miljard per jaar. Het aandeel in de wereld was 5,5%, en 19,3% in Azië.

Het aandeel van de invoer in het BBP van Zuidoost-Azië was 67,2% in de jaren 2000, en was vergelijkbaar met Cambodja (67,2%), de Turks- en Caicoseilanden (66,8%), Estland (67,6%).

De invoer per hoofd in Zuidoost-Azië was $1.228,2 in de jaren 2000s, en was vergelijkbaar met Albanië (US$1.233,5). De invoer per hoofd in Zuidoost-Azië was 35,4% lager dan de invoer per hoofd van de bevolking in de wereld ($1.899,9), en was 36,7% hoger dan de invoer per hoofd van de bevolking in Azië ($1.899,9).

De groei van de invoer in Zuidoost-Azië bedroeg 7.1% in de jaren 2000, en was vergelijkbaar met Zuid-Amerika (7,1%), Peru (7,1%), Thailand (7,2%). De groei van de invoer in Zuidoost-Azië (7,1%) was groter dan de groei van de invoer in de wereld (5,1%), was minder dan de groei van de invoer in Azië (7,8%).

Vergelijking met subregio's. De waarde van de invoer in Zuidoost-Azië was groter dan in Zuidwest-Azië (US$514,1 miljard), in Zuid-Azië (US$293,2 miljard) en in Centraal-Azië (US$41,0 miljard); maar minder dan in Oost-Azië (US$2,0 biljoen). De waarde van de invoer per hoofd in Zuidoost-Azië was in Zuidoost-Azië groter dan in Centraal-Azië (US$703,4) en in Zuid-Azië (US$186,2); maar minder dan in Zuidwest-Azië (US$2,5 duizend) en in Oost-Azië (US$1.294,0). De groei van de invoer in Zuidoost-Azië was groter dan in Centraal-Azië (5,7%); maar minder dan in Zuid-Azië (10,5%), in Oost-Azië (7,6%) en in Zuidwest-Azië (7,5%).

Leiders. De waarde van de invoer in Zuidoost-Azië in de jaren 2000 bestond uit: Singapore (35,9%), Maleisië (18,3%), Thailand (17,5%),

Indonesië (12,6%), Filipijnen (7,7%), en andere (8,1%). Het aandeel van de invoer in BBP van de leiders: Singapore (183,9%), Maleisië (86,2%), Thailand (61,2%), Filipijnen (46,5%) en Indonesië (25,7%). De waarde van de invoer per hoofd in Zuidoost-Azië onder de leiders: Singapore ($56.490,1), Maleisië ($4.924,6), Thailand ($1.836,8), Filipijnen ($616,3) en Indonesië ($382,9). De groei van de invoer onder de leiders: Singapore (7,7%), Indonesië (7,3%), Thailand (7,2%), Maleisië (5,4%) en Filipijnen (3,3%).

de jaren 2010

De invoer van Zuidoost-Azië bedroeg in de jaren 2010 US$1,5 biljoen per jaar, en was vergelijkbaar met Duitsland (US$1,5 biljoen). Het aandeel in de wereld was 6,7%, en 18,5% in Azië.

Het aandeel van de invoer in het BBP van Zuidoost-Azië was 57,4% in de jaren 2010, en was vergelijkbaar met Fiji (57,5%), Panama (57,9%).

De waarde van de invoer per hoofd in Zuidoost-Azië was $2.347,1 in de jaren 2010s, en was vergelijkbaar met Gabon (US$2,4 duizend), Mongolië (US$2,3 duizend). De invoer per hoofd in Zuidoost-Azië was 22,2% lager dan de invoer per hoofd van de bevolking in de wereld ($3.015,6), en was 29,4% hoger dan de invoer per hoofd van de bevolking in Azië ($3.015,6).

De groei van de invoer in Zuidoost-Azië bedroeg 6.2% in de jaren 2010. De groei van de invoer in Zuidoost-Azië (6,2%) was groter dan de groei van de invoer in de wereld (4,4%), was groter dan de groei van de invoer in Azië (5,4%).

Vergelijking met subregio's. De invoer van Zuidoost-Azië was 28,2% groter dan in Zuidwest-Azië (US$1,2 biljoen), 90,0% groter dan in Zuid-Azië (US$778,2 miljard) en 16,4 keer groter dan in Centraal-Azië (US$90,1 miljard); maar 3,0 keer minder dan in Oost-Azië (US$4,5 biljoen). De invoer per hoofd in Zuidoost-Azië was in Zuidoost-Azië77,0% groter dan in Centraal-Azië (US$1.325,8) en 5,5 keer groter dan in Zuid-Azië (US$428,5); maar 48,2% minder dan in Zuidwest-Azië (US$4,5 duizend) en 14,4% minder dan in Oost-Azië (US$2,7 duizend). De groei van de invoer in Zuidoost-Azië was groter dan in Centraal-Azië (6,1%), in Oost-Azië (6,0%), in Zuidwest-Azië (4,0%) en in Zuid-Azië (2,5%).

Leiders. De waarde van de invoer in Zuidoost-Azië in de jaren 2010 bestond uit: Singapore (33,6%), Thailand (17,1%), Maleisië (13,8%), Indonesië (13,8%), Vietnam (11,6%), en andere (10,1%). Het aandeel van de invoer in BBP van de leiders: Singapore (157,9%), Vietnam (90,9%), Maleisië (64,3%), Thailand (59,4%) en Indonesië (21,8%). De invoer per hoofd in Zuidoost-Azië onder de leiders: Singapore ($90.024,7), Maleisië ($6.785,5), Thailand ($3.685,0), Vietnam ($1.868,0) en Indonesië ($795,3). De groei van de invoer onder de leiders: Vietnam (12,8%), Singapore (5,0%), Indonesië (4,5%), Thailand (4,4%) en Maleisië (4,1%).

Part IV. Verbruik

Hoofdstuk XII. Overheidsuitgaven

Consumptie-uitgaven van de overheid

De overheidsuitgaven van Zuidoost-Azië steeg van US$9,8 miljard per jaar in de jaren 1970 tot US$287,9 miljard per jaar in de jaren 2010, dat wil zeggen met US$278,1 miljard of 29,5 keer. De verandering vond plaats op US$210,8 miljard als gevolg van een 3,7-voudige stijging van de prijzen, en ook op US$57,6 miljard als gevolg van een 4,0-voudige toename van het tarief per hoofd , evenals op US$9,7 miljard als gevolg van de toename van de bevolking. De gemiddelde jaarlijkse groei van de overheidsuitgaven is 5,6%. De minimumwaarde van de overheidsuitgaven bedroeg US$4,0 miljard in 1970. De maximumwaarde van de overheidsuitgaven bedroeg US$353,4 miljard in 2019.

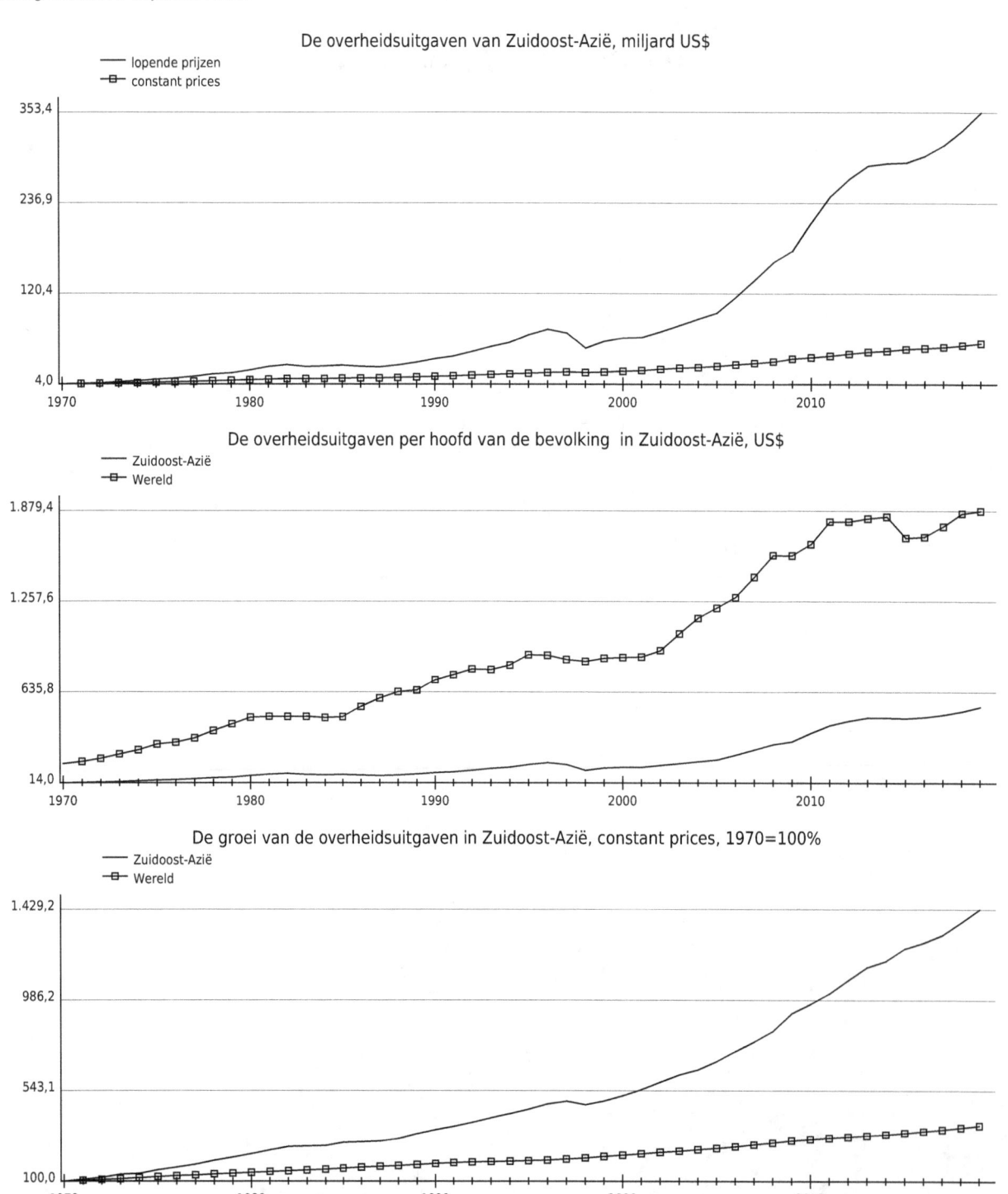

De overheidsuitgaven van Zuidoost-Azië, miljard US$

De overheidsuitgaven per hoofd van de bevolking in Zuidoost-Azië, US$

De groei van de overheidsuitgaven in Zuidoost-Azië, constant prices, 1970=100%

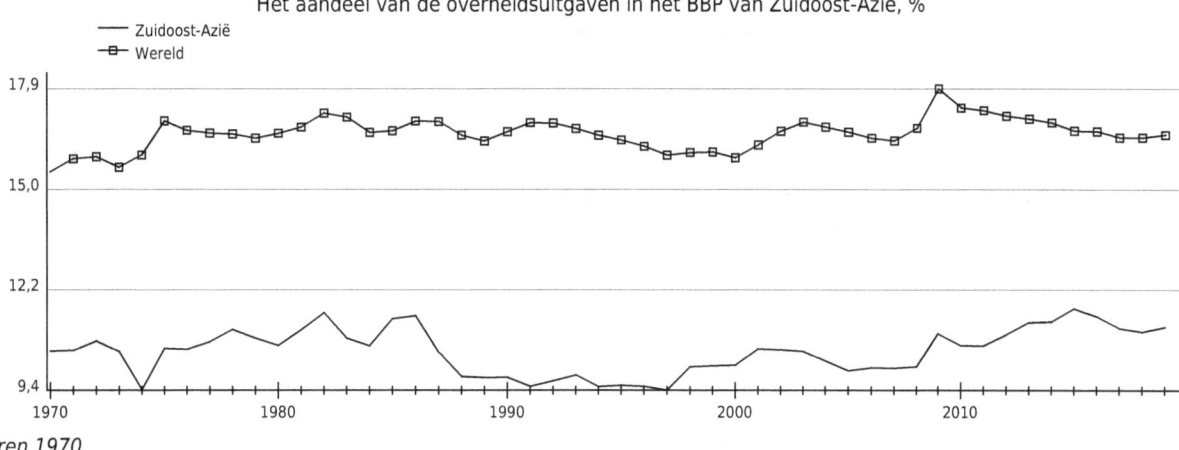

Het aandeel van de overheidsuitgaven in het BBP van Zuidoost-Azië, %

de jaren 1970

De overheidsuitgaven van Zuidoost-Azië bedroeg in de jaren 1970 US$9,8 miljard per jaar, en was vergelijkbaar met Polen (US$9,7 miljard). Het aandeel in de wereld was 0,91%, en 6,1% in Azië.

Het aandeel van de overheidsuitgaven in het BBP van Zuidoost-Azië was 10,6% in de jaren 1970, en was vergelijkbaar met Singapore (10,6%), Kameroen (10,6%).

De overheidsuitgaven per hoofd in Zuidoost-Azië was $31,0 in de jaren 1970s, en was vergelijkbaar met Lesotho (US$30,9), Oeganda (US$30,7). De overheidsuitgaven per hoofd in Zuidoost-Azië was in 8,6 keer lager dan de overheidsuitgaven per hoofd van de bevolking in de wereld ($265,2), en was in 2,2 keer lager dan de overheidsuitgaven per hoofd van de bevolking in Azië ($265,2).

De groei van de overheidsuitgaven in Zuidoost-Azië bedroeg 9% in de jaren 1970, en was vergelijkbaar met Malta (9,0%). De groei van de overheidsuitgaven in Zuidoost-Azië (9,0%) was groter dan de groei van de overheidsuitgaven in de wereld (3,7%), was groter dan de groei van de overheidsuitgaven in Azië (6,9%).

Vergelijking met subregio's. De overheidsuitgaven van Zuidoost-Azië was minder dan in Oost-Azië (US$103,3 miljard), in Zuidwest-Azië (US$25,5 miljard) en in Zuid-Azië (US$21,5 miljard). De overheidsuitgaven per hoofd in Zuidoost-Azië was in Zuidoost-Azië groter dan in Zuid-Azië (US$26,0); maar minder dan in Zuidwest-Azië (US$302,2) en in Oost-Azië (US$94,3). De groei van de overheidsuitgaven in Zuidoost-Azië was groter dan in Zuidwest-Azië (8,5%) en in Oost-Azië (5,9%); maar minder dan in Zuid-Azië (9,5%).

Leiders. De overheidsuitgaven van Zuidoost-Azië in de jaren 1970 bestond uit: Indonesië (32,6%), Thailand (18,5%), Maleisië (16,5%), Filipijnen (16,5%), Singapore (5,8%), en andere (10,0%). Het aandeel van de overheidsuitgaven in BBP van de leiders: Maleisië (15,9%), Thailand (11,5%), Singapore (10,6%), Filipijnen (9,9%) en Indonesië (9,5%). De overheidsuitgaven per hoofd in Zuidoost-Azië onder de leiders: Singapore ($251,8), Maleisië ($134,0), Thailand ($43,3), Filipijnen ($39,6) en Indonesië ($24,6). De groei van de overheidsuitgaven onder de leiders: Indonesië (12,0%), Maleisië (9,7%), Thailand (9,5%), Filipijnen (7,3%) en Singapore (6,9%).

de jaren 1980

De overheidsuitgaven van Zuidoost-Azië bedroeg in de jaren 1980 US$27,1 miljard per jaar. Het aandeel in de wereld was 1,1%, en 5,6% in Azië.

Het aandeel van de overheidsuitgaven in het BBP van Zuidoost-Azië was 10,7% in de jaren 1980, en was vergelijkbaar met Zwitserland (10,7%), Haïti (10,7%), Liechtenstein (10,8%).

De overheidsuitgaven per hoofd in Zuidoost-Azië was $68,4 in de jaren 1980s, en was vergelijkbaar met Jemen (US$67,6), Bolivia (US$69,7), Togo (US$69,9). De overheidsuitgaven per hoofd in Zuidoost-Azië was in 7,7 keer lager dan de overheidsuitgaven per hoofd van de bevolking in de wereld ($523,5), en was in 2,5 keer lager dan de overheidsuitgaven per hoofd van de bevolking in Azië ($523,5).

De groei van de overheidsuitgaven in Zuidoost-Azië bedroeg 4.3% in de jaren 1980. De groei van de overheidsuitgaven in Zuidoost-Azië (4,3%) was groter dan de groei van de overheidsuitgaven in de wereld (2,7%), was groter dan de groei van de overheidsuitgaven in Azië (4,2%).

Vergelijking met subregio's. De overheidsuitgaven van Zuidoost-Azië was minder dan in Oost-Azië (US$330,6 miljard), in Zuidwest-Azië (US$75,5 miljard) en in Zuid-Azië (US$49,4 miljard). De overheidsuitgaven per hoofd in Zuidoost-Azië was in Zuidoost-Azië groter dan in Zuid-Azië (US$47,1); maar minder dan in Zuidwest-Azië (US$664,1) en in Oost-Azië (US$258,7). De groei van de overheidsuitgaven in Zuidoost-Azië was groter dan in Zuidwest-Azië (3,5%) en in Zuid-Azië (1,9%); maar minder dan in Oost-Azië (4,7%).

Leiders. De overheidsuitgaven van Zuidoost-Azië in de jaren 1980 bestond uit: Indonesië (34,4%), Thailand (21,8%), Maleisië (17,7%), Filipijnen (11,8%), Singapore (7,8%), en andere (6,5%). Het aandeel van de overheidsuitgaven in BBP van de leiders: Maleisië (15,7%), Thailand (12,6%), Singapore (10,8%), Indonesië (9,2%) en Filipijnen (8,4%). De overheidsuitgaven per hoofd in Zuidoost-Azië onder de leiders: Singapore ($795,8), Maleisië ($309,3), Thailand ($114,5), Filipijnen ($59,8) en Indonesië ($57,0). De groei van de overheidsuitgaven onder de leiders: Singapore (6,4%), Maleisië (5,8%), Indonesië (5,7%), Thailand (4,5%) en Filipijnen (1,0%).

de jaren 1990

De overheidsuitgaven van Zuidoost-Azië bedroeg in de jaren 1990 US$55,3 miljard per jaar. Het aandeel in de wereld was 1,2%, en 5,0% in Azië.

Het aandeel van de overheidsuitgaven in het BBP van Zuidoost-Azië was 9,7% in de jaren 1990, en was vergelijkbaar met Guinee (9,7%).

De overheidsuitgaven per hoofd in Zuidoost-Azië was $114,9 in de jaren 1990s, en was vergelijkbaar met de Filipijnen (US$116,7). De overheidsuitgaven per hoofd in Zuidoost-Azië was in 7,2 keer lager dan de overheidsuitgaven per hoofd van de bevolking in de wereld ($824,8), en was in 2,8 keer lager dan de overheidsuitgaven per hoofd van de bevolking in Azië ($824,8).

De groei van de overheidsuitgaven in Zuidoost-Azië bedroeg 4% in de jaren 1990, en was vergelijkbaar met Paraguay (4,0%), Tunesië (4,0%). De groei van de overheidsuitgaven in Zuidoost-Azië (4,0%) was groter dan de groei van de overheidsuitgaven in de wereld (2,0%), was minder dan de groei van de overheidsuitgaven in Azië (5,0%).

Vergelijking met subregio's. De overheidsuitgaven van Zuidoost-Azië was groter dan in Centraal-Azië (US$7,1 miljard); maar minder dan in Oost-Azië (US$856,0 miljard), in Zuidwest-Azië (US$122,0 miljard) en in Zuid-Azië (US$64,0 miljard). De overheidsuitgaven per hoofd in Zuidoost-Azië was in Zuidoost-Azië groter dan in Zuid-Azië (US$48,9); maar minder dan in Zuidwest-Azië (US$741,4), in Oost-Azië (US$587,9) en in Centraal-Azië (US$133,8). De groei van de overheidsuitgaven in Zuidoost-Azië was groter dan in Zuidwest-Azië (2,5%) en in Centraal-Azië (-5,6%); maar minder dan in Oost-Azië (5,6%) en in Zuid-Azië (4,5%).

Leiders. De overheidsuitgaven van Zuidoost-Azië in de jaren 1990 bestond uit: Thailand (27,5%), Indonesië (23,6%), Maleisië (15,7%), Filipijnen (14,6%), Singapore (11,7%), en andere (6,9%). Het aandeel van de overheidsuitgaven in BBP van de leiders: Maleisië (11,8%), Thailand (11,5%), Filipijnen (11,4%), Singapore (8,9%) en Indonesië (7,0%). De overheidsuitgaven per hoofd in Zuidoost-Azië onder de leiders: Singapore ($1.865,7), Maleisië ($427,9), Thailand ($256,4), Filipijnen ($116,7) en Indonesië ($66,6). De groei van de overheidsuitgaven onder de leiders: Singapore (8,3%), Thailand (6,6%), Maleisië (5,7%), Filipijnen (2,4%) en Indonesië (0,60%).

de jaren 2000

De overheidsuitgaven van Zuidoost-Azië bedroeg in de jaren 2000 US$105,1 miljard per jaar, en was vergelijkbaar met Centraal-Amerika (US$104,0 miljard). Het aandeel in de wereld was 1,3%, en 5,6% in Azië.

Het aandeel van de overheidsuitgaven in het BBP van Zuidoost-Azië was 10,3% in de jaren 2000, en was vergelijkbaar met Singapore (10,3%), de Bahama's (10,3%), Zuid-Azië (10,4%).

De overheidsuitgaven per hoofd in Zuidoost-Azië was $188,5 in de jaren 2000s, en was vergelijkbaar met Paraguay (US$189,4), Papoea-Nieuw-Guinea (US$192,6). De overheidsuitgaven per hoofd in Zuidoost-Azië was in 6,4 keer lager dan de overheidsuitgaven per hoofd van de bevolking in de wereld ($1.200,9), en was in 2,5 keer lager dan de overheidsuitgaven per hoofd van de bevolking in Azië ($1.200,9).

De groei van de overheidsuitgaven in Zuidoost-Azië bedroeg 6.5% in de jaren 2000. De groei van de overheidsuitgaven in Zuidoost-Azië (6,5%) was groter dan de groei van de overheidsuitgaven in de wereld (3,1%), was groter dan de groei van de overheidsuitgaven in Azië (5,3%).

Vergelijking met subregio's. De overheidsuitgaven van Zuidoost-Azië was groter dan in Centraal-Azië (US$12,0 miljard); maar minder dan in Oost-Azië (US$1,4 biljoen), in Zuidwest-Azië (US$244,7 miljard) en in Zuid-Azië (US$134,4 miljard). De overheidsuitgaven per hoofd in Zuidoost-Azië was in Zuidoost-Azië groter dan in Zuid-Azië (US$85,4); maar minder dan in Zuidwest-Azië (US$1.199,4), in Oost-Azië (US$892,1) en in Centraal-Azië (US$206,7). De groei van de overheidsuitgaven in Zuidoost-Azië was groter dan in Centraal-Azië (6,0%), in Zuid-Azië (5,4%), in Oost-Azië (5,1%) en in Zuidwest-Azië (5,1%).

Leiders. De overheidsuitgaven van Zuidoost-Azië in de jaren 2000 bestond uit: Indonesië (26,2%), Thailand (25,9%), Maleisië (16,5%), Singapore (13,1%), Filipijnen (10,5%), en andere (7,8%). Het aandeel van de overheidsuitgaven in BBP van de leiders: Thailand (14,0%), Maleisië (11,9%), Singapore (10,3%), Filipijnen (9,7%) en Indonesië (8,2%). De overheidsuitgaven per hoofd in Zuidoost-Azië onder de leiders: Singapore ($3.154,8), Maleisië ($682,4), Thailand ($418,8), Filipijnen ($128,7) en Indonesië ($122,6). De groei van de overheidsuitgaven onder de leiders: Indonesië (8,7%), Maleisië (7,5%), Singapore (5,4%), Thailand (5,2%) en Filipijnen (2,9%).

de jaren 2010

De overheidsuitgaven van Zuidoost-Azië bedroeg in de jaren 2010 US$287,9 miljard per jaar. Het aandeel in de wereld was 2,2%, en 6,7% in Azië.

Het aandeel van de overheidsuitgaven in het BBP van Zuidoost-Azië was 11,2% in de jaren 2010, en was vergelijkbaar met Iran (11,2%), Panama (11,2%), Albanië (11,2%).

De overheidsuitgaven per hoofd in Zuidoost-Azië was $456,9 in de jaren 2010s, en was vergelijkbaar met Congo-Brazzaville (US$461,9), Armenië (US$464,7). De overheidsuitgaven per hoofd in Zuidoost-Azië was in 3,9 keer lager dan de overheidsuitgaven per hoofd van de bevolking in de wereld ($1.785,1), en was in 2,1 keer lager dan de overheidsuitgaven per hoofd van de bevolking in Azië ($1.785,1).

De groei van de overheidsuitgaven in Zuidoost-Azië bedroeg 4.5% in de jaren 2010, en was vergelijkbaar met Kazachstan (4,5%), Macau (4,5%). De groei van de overheidsuitgaven in Zuidoost-Azië (4,5%) was groter dan de groei van de overheidsuitgaven in de wereld (2,3%), was minder dan de groei van de overheidsuitgaven in Azië (5,2%).

Vergelijking met subregio's. De overheidsuitgaven van Zuidoost-Azië was 8,4 keer groter dan in Centraal-Azië (US$34,1 miljard); maar 10,6 keer minder dan in Oost-Azië (US$3,1 biljoen), 48,2% minder dan in Zuidwest-Azië (US$556,3 miljard) en 16,5% minder dan in Zuid-Azië (US$344,9 miljard). De overheidsuitgaven per hoofd in Zuidoost-Azië was in Zuidoost-Azië2,4 keer groter dan in Zuid-Azië (US$189,9); maar 4,8 keer minder dan in Zuidwest-Azië (US$2,2 duizend), 4,1 keer minder dan in Oost-Azië (US$1.863,4) en 9,0% minder dan in Centraal-Azië (US$502,3). De groei van de overheidsuitgaven in Zuidoost-Azië was groter dan in Zuidwest-Azië (3,7%); maar minder dan in Oost-Azië (5,6%), in Centraal-Azië (5,1%) en in Zuid-Azië (4,7%).

Leiders. De overheidsuitgaven van Zuidoost-Azië in de jaren 2010 bestond uit: Indonesië (29,9%), Thailand (24,4%), Maleisië (14,1%), Filipijnen (10,9%), Singapore (10,8%), en andere (9,9%). Het aandeel van de overheidsuitgaven in BBP van de leiders: Thailand (16,5%), Maleisië (12,8%), Filipijnen (11,1%), Singapore (9,8%) en Indonesië (9,2%). De overheidsuitgaven per hoofd in Zuidoost-Azië onder de leiders: Singapore ($5.612,7), Maleisië ($1.350,6), Thailand ($1.023,5), Indonesië ($336,0) en Filipijnen ($310,6). De groei van de overheidsuitgaven onder de leiders: Filipijnen (7,5%), Maleisië (4,9%), Singapore (4,4%), Thailand (3,7%) en Indonesië (3,3%).

Hoofdstuk XIII. Huishoudelijke uitgaven

Consumptieve bestedingen van de huishoudens

De huishoudelijke uitgaven van Zuidoost-Azië steeg van US$57,2 miljard per jaar in de jaren 1970 tot US$1,4 biljoen per jaar in de jaren 2010, dat wil zeggen met US$1,4 biljoen of 25,0 keer. De verandering vond plaats op US$975,3 miljard als gevolg van een 3,1-voudige stijging van de prijzen, en ook op US$342,2 miljard als gevolg van een 4,0-voudige toename van het tarief per hoofd , evenals op US$57,0 miljard als gevolg van de toename van de bevolking. De gemiddelde jaarlijkse groei van de huishoudelijke uitgaven is 5,4%. De minimumwaarde van de huishoudelijke uitgaven bedroeg US$26,4 miljard in 1970. De maximumwaarde van de huishoudelijke uitgaven bedroeg US$1,8 biljoen in 2019.

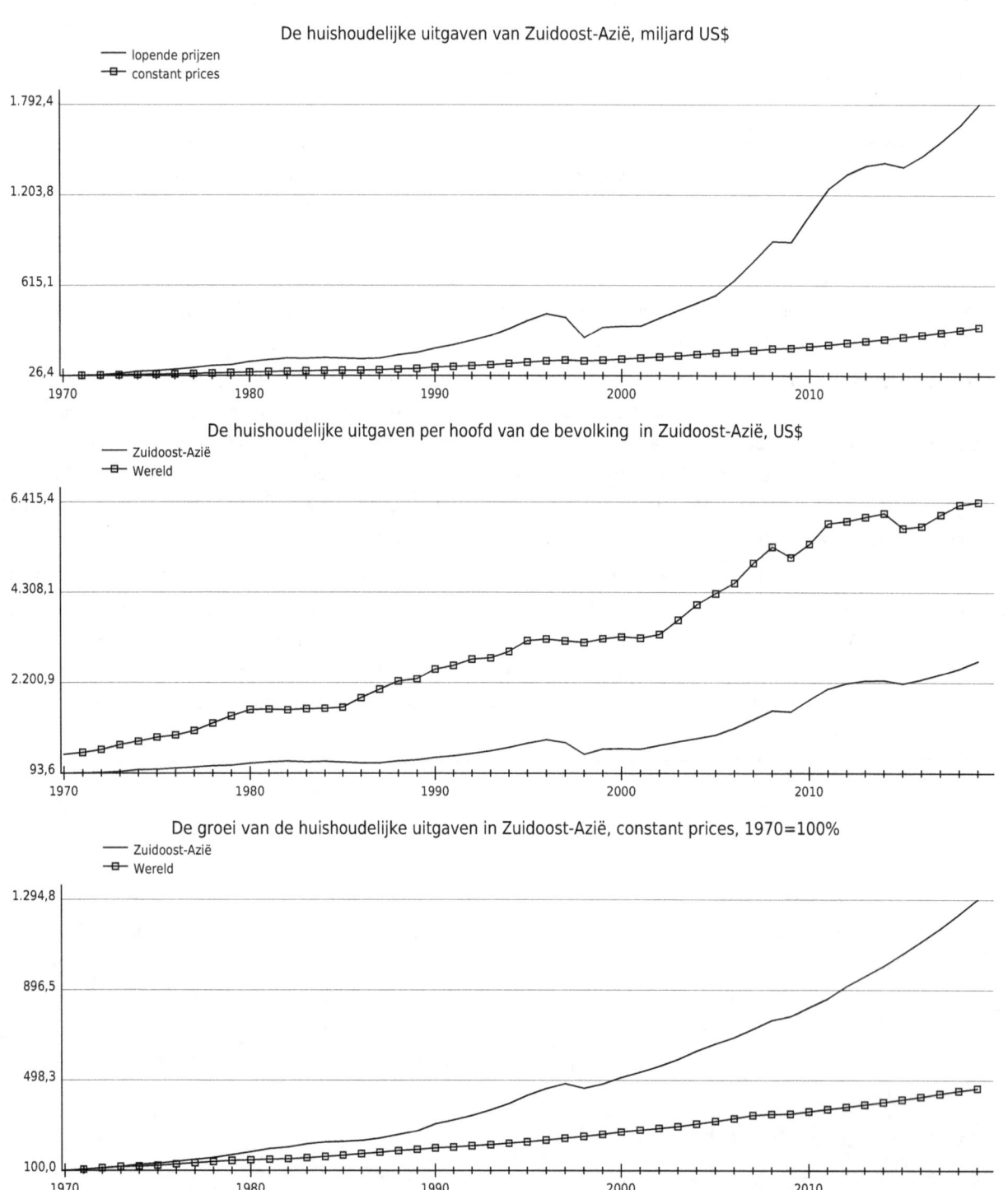

De huishoudelijke uitgaven van Zuidoost-Azië, miljard US$

De huishoudelijke uitgaven per hoofd van de bevolking in Zuidoost-Azië, US$

De groei van de huishoudelijke uitgaven in Zuidoost-Azië, constant prices, 1970=100%

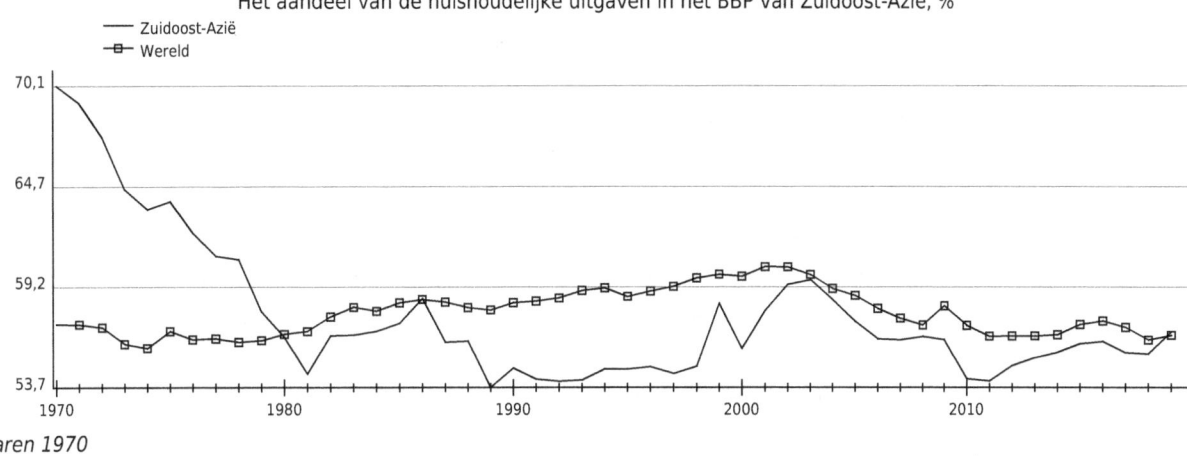

Het aandeel van de huishoudelijke uitgaven in het BBP van Zuidoost-Azië, %

de jaren 1970

De huishoudelijke uitgaven van Zuidoost-Azië bedroeg in de jaren 1970 US$57,2 miljard per jaar. Het aandeel in de wereld was 1,5%, en 8,7% in Azië.

Het aandeel van de huishoudelijke uitgaven in het BBP van Zuidoost-Azië was 62,3% in de jaren 1970, en was vergelijkbaar met Micronesië (62,2%), Indonesië (62,5%), Egypte (62,5%).

De huishoudelijke uitgaven per hoofd in Zuidoost-Azië was $181,2 in de jaren 1970s, en was vergelijkbaar met Togo (US$180,2), Bhutan (US$179,2), Lesotho (US$183,3). De huishoudelijke uitgaven per hoofd in Zuidoost-Azië was in 5,1 keer lager dan de huishoudelijke uitgaven per hoofd van de bevolking in de wereld ($914,8), en was 35,9% lager dan de huishoudelijke uitgaven per hoofd van de bevolking in Azië ($914,8).

De groei van de huishoudelijke uitgaven in Zuidoost-Azië bedroeg 6% in de jaren 1970, en was vergelijkbaar met Mauritius (6,0%), Joegoslavië (6,1%). De groei van de huishoudelijke uitgaven in Zuidoost-Azië (6,0%) was groter dan de groei van de huishoudelijke uitgaven in de wereld (4,1%), was groter dan de groei van de huishoudelijke uitgaven in Azië (5,2%).

Vergelijking met subregio's. De huishoudelijke uitgaven van Zuidoost-Azië was minder dan in Oost-Azië (US$393,6 miljard), in Zuid-Azië (US$127,5 miljard) en in Zuidwest-Azië (US$77,4 miljard). De huishoudelijke uitgaven per hoofd in Zuidoost-Azië was in Zuidoost-Azië groter dan in Zuid-Azië (US$154,4); maar minder dan in Zuidwest-Azië (US$917,3) en in Oost-Azië (US$359,2). De groei van de huishoudelijke uitgaven in Zuidoost-Azië was groter dan in Oost-Azië (5,3%) en in Zuid-Azië (3,3%); maar minder dan in Zuidwest-Azië (6,5%).

Leiders. De huishoudelijke uitgaven van Zuidoost-Azië in de jaren 1970 bestond uit: Indonesië (36,8%), Filipijnen (17,4%), Thailand (17,0%), Maleisië (9,5%), Vietnam (6,9%), en andere (12,4%). Het aandeel van de huishoudelijke uitgaven in BBP van de leiders: Vietnam (90,0%), Indonesië (62,5%), Thailand (62,0%), Filipijnen (60,9%) en Maleisië (53,5%). De huishoudelijke uitgaven per hoofd in Zuidoost-Azië onder de leiders: Maleisië ($449,9), Filipijnen ($244,3), Thailand ($232,7), Indonesië ($162,0) en Vietnam ($81,4). De groei van de huishoudelijke uitgaven onder de leiders: Maleisië (9,0%), Indonesië (8,1%), Thailand (6,3%), Filipijnen (4,7%) en Vietnam (4,7%).

de jaren 1980

De huishoudelijke uitgaven van Zuidoost-Azië bedroeg in de jaren 1980 US$142,0 miljard per jaar, en was vergelijkbaar met Oceanië (US$144,8 miljard), Australazië (US$139,3 miljard), Mexico (US$139,1 miljard). Het aandeel in de wereld was 1,6%, en 7,5% in Azië.

Het aandeel van de huishoudelijke uitgaven in het BBP van Zuidoost-Azië was 56,2% in de jaren 1980, en was vergelijkbaar met Australazië (56,2%), Oceanië (56,2%), Papoea-Nieuw-Guinea (56,3%).

De huishoudelijke uitgaven per hoofd in Zuidoost-Azië was $358,3 in de jaren 1980s, en was vergelijkbaar met Pakistan (US$356,3), Zambia (US$355,7), Mongolië (US$361,3). De huishoudelijke uitgaven per hoofd in Zuidoost-Azië was in 5,0 keer lager dan de huishoudelijke uitgaven per hoofd van de bevolking in de wereld ($1.808,0), en was 46,2% lager dan de huishoudelijke uitgaven per hoofd van de bevolking in Azië ($1.808,0).

De groei van de huishoudelijke uitgaven in Zuidoost-Azië bedroeg 5% in de jaren 1980, en was vergelijkbaar met Maleisië (4,9%), Oost-Azië (5,0%). De groei van de huishoudelijke uitgaven in Zuidoost-Azië (5,0%) was groter dan de groei van de huishoudelijke uitgaven in de wereld (3,0%), was groter dan de groei van de huishoudelijke uitgaven in Azië (4,7%).

Vergelijking met subregio's. De huishoudelijke uitgaven van Zuidoost-Azië was minder dan in Oost-Azië (US$1,2 biljoen), in Zuid-Azië (US$306,7 miljard) en in Zuidwest-Azië (US$195,5 miljard). De huishoudelijke uitgaven per hoofd in Zuidoost-Azië was in Zuidoost-Azië groter dan in Zuid-Azië (US$292,4); maar minder dan in Zuidwest-Azië (US$1.720,6) en in Oost-Azië (US$974,5). De groei van de huishoudelijke uitgaven in Zuidoost-Azië was groter dan in Zuid-Azië (4,0%) en in Zuidwest-Azië (3,5%); maar minder dan in Oost-Azië (5,0%).

Leiders. De huishoudelijke uitgaven van Zuidoost-Azië in de jaren 1980 bestond uit: Indonesië (38,9%), Thailand (18,9%), Filipijnen (17,6%), Maleisië (10,9%), Singapore (6,4%), en andere (7,3%). Het aandeel van de huishoudelijke uitgaven in BBP van de leiders: Filipijnen (65,5%), Thailand (57,3%), Indonesië (54,6%), Maleisië (50,7%) en Singapore (46,0%). De huishoudelijke uitgaven per hoofd in Zuidoost-Azië onder de leiders: Singapore ($3.393,2), Maleisië ($1.000,0), Thailand ($520,8), Filipijnen ($465,2) en Indonesië ($337,5). De groei van de huishoudelijke uitgaven onder de leiders: Indonesië (6,1%), Singapore (5,9%), Thailand (5,5%), Maleisië (4,9%) en Filipijnen (2,9%).

de jaren 1990

De huishoudelijke uitgaven van Zuidoost-Azië bedroeg in de jaren 1990 US$314,1 miljard per jaar, en was vergelijkbaar met Mexico (US$312,0 miljard). Het aandeel in de wereld was 1,9%, en 7,5% in Azië.

Het aandeel van de huishoudelijke uitgaven in het BBP van Zuidoost-Azië was 54,9% in de jaren 1990, en was vergelijkbaar met Israël (54,9%), West-Europa (55,0%), Polynesië (54,9%).

De huishoudelijke uitgaven per hoofd in Zuidoost-Azië was $652,5 in de jaren 1990s, en was vergelijkbaar met Oekraïne (US$657,1), Papoea-Nieuw-Guinea (US$642,2). De huishoudelijke uitgaven per hoofd in Zuidoost-Azië was in 4,5 keer lager dan de huishoudelijke uitgaven per hoofd van de bevolking in de wereld ($2.963,9), en was 46,0% lager dan de huishoudelijke uitgaven per hoofd van de bevolking in Azië ($2.963,9).

De groei van de huishoudelijke uitgaven in Zuidoost-Azië bedroeg 5.8% in de jaren 1990, en was vergelijkbaar met de Verenigde Arabische Emiraten (5,8%). De groei van de huishoudelijke uitgaven in Zuidoost-Azië (5,8%) was groter dan de groei van de huishoudelijke uitgaven in de wereld (3,0%), was groter dan de groei van de huishoudelijke uitgaven in Azië (4,4%).

Vergelijking met subregio's. De huishoudelijke uitgaven van Zuidoost-Azië was groter dan in Centraal-Azië (US$32,0 miljard); maar minder dan in Oost-Azië (US$3,1 biljoen), in Zuid-Azië (US$394,8 miljard) en in Zuidwest-Azië (US$372,3 miljard). De huishoudelijke uitgaven per hoofd in Zuidoost-Azië was in Zuidoost-Azië groter dan in Centraal-Azië (US$606,4) en in Zuid-Azië (US$301,5); maar minder dan in Zuidwest-Azië (US$2,3 duizend) en in Oost-Azië (US$2,1 duizend). De groei van de huishoudelijke uitgaven in Zuidoost-Azië was groter dan in Zuid-Azië (4,5%), in Zuidwest-Azië (4,3%), in Oost-Azië (4,0%) en in Centraal-Azië (-5,6%).

Leiders. De huishoudelijke uitgaven van Zuidoost-Azië in de jaren 1990 bestond uit: Indonesië (33,5%), Thailand (22,0%), Filipijnen (16,1%), Maleisië (10,9%), Singapore (9,6%), en andere (7,8%). Het aandeel van de huishoudelijke uitgaven in BBP van de leiders: Filipijnen (71,4%), Indonesië (56,4%), Thailand (52,1%), Maleisië (46,8%) en Singapore (41,6%). De huishoudelijke uitgaven per hoofd in Zuidoost-Azië onder de leiders: Singapore ($8.695,1), Maleisië ($1.694,1), Thailand ($1.163,0), Filipijnen ($734,1) en Indonesië ($537,5). De groei van de huishoudelijke uitgaven onder de leiders: Indonesië (7,5%), Singapore (6,2%), Maleisië (5,5%), Thailand (4,8%) en Filipijnen (3,9%).

de jaren 2000

De huishoudelijke uitgaven van Zuidoost-Azië bedroeg in de jaren 2000 US$582,4 miljard per jaar, en was vergelijkbaar met Mexico (US$592,0 miljard), Brazilië (US$592,9 miljard). Het aandeel in de wereld was 2,1%, en 8,9% in Azië.

Het aandeel van de huishoudelijke uitgaven in het BBP van Zuidoost-Azië was 57,1% in de jaren 2000, en was vergelijkbaar met Oceanië (57,0%), Australazië (56,9%), Australië (56,8%).

De huishoudelijke uitgaven per hoofd in Zuidoost-Azië was $1.044,6 in de jaren 2000s, en was vergelijkbaar met Syrië (US$1.044,6), Honduras (US$1.045,5), Irak (US$1.030,3). De huishoudelijke uitgaven per hoofd in Zuidoost-Azië was in 4,0 keer lager dan de huishoudelijke uitgaven per hoofd van de bevolking in de wereld ($4.208,2), en was 36,7% lager dan de huishoudelijke uitgaven per hoofd van de bevolking in Azië ($4.208,2).

De groei van de huishoudelijke uitgaven in Zuidoost-Azië bedroeg 4.9% in de jaren 2000, en was vergelijkbaar met Anguilla (4,9%),

Mauritius (4,9%). De groei van de huishoudelijke uitgaven in Zuidoost-Azië (4,9%) was groter dan de groei van de huishoudelijke uitgaven in de wereld (3,0%), was groter dan de groei van de huishoudelijke uitgaven in Azië (4,4%).

Vergelijking met subregio's. De huishoudelijke uitgaven van Zuidoost-Azië was groter dan in Centraal-Azië (US$52,4 miljard); maar minder dan in Oost-Azië (US$4,4 biljoen), in Zuid-Azië (US$762,2 miljard) en in Zuidwest-Azië (US$738,8 miljard). De huishoudelijke uitgaven per hoofd in Zuidoost-Azië was in Zuidoost-Azië groter dan in Centraal-Azië (US$898,4) en in Zuid-Azië (US$484,0); maar minder dan in Zuidwest-Azië (US$3,6 duizend) en in Oost-Azië (US$2,8 duizend). De groei van de huishoudelijke uitgaven in Zuidoost-Azië was groter dan in Oost-Azië (4,0%); maar minder dan in Centraal-Azië (5,7%), in Zuidwest-Azië (5,1%) en in Zuid-Azië (5,0%).

Leiders. De huishoudelijke uitgaven van Zuidoost-Azië in de jaren 2000 bestond uit: Indonesië (36,0%), Thailand (18,2%), Filipijnen (14,4%), Maleisië (11,3%), Singapore (9,4%), en andere (10,7%). Het aandeel van de huishoudelijke uitgaven in BBP van de leiders: Filipijnen (74,1%), Indonesië (62,6%), Thailand (54,4%), Maleisië (45,2%) en Singapore (40,8%). De huishoudelijke uitgaven per hoofd in Zuidoost-Azië onder de leiders: Singapore ($12.518,0), Maleisië ($2.585,2), Thailand ($1.631,9), Filipijnen ($982,4) en Indonesië ($932,5). De groei van de huishoudelijke uitgaven onder de leiders: Maleisië (7,3%), Singapore (5,1%), Filipijnen (4,5%), Thailand (4,4%) en Indonesië (4,2%).

de jaren 2010

De huishoudelijke uitgaven van Zuidoost-Azië bedroeg in de jaren 2010 US$1,4 biljoen per jaar, en was vergelijkbaar met Frankrijk (US$1,5 biljoen). Het aandeel in de wereld was 3,2%, en 10,9% in Azië.

Het aandeel van de huishoudelijke uitgaven in het BBP van Zuidoost-Azië was 55,5% in de jaren 2010, en was vergelijkbaar met Europa (55,4%), Slowakije (55,7%), Trinidad en Tobago (55,4%).

De huishoudelijke uitgaven per hoofd in Zuidoost-Azië was $2.272,0 in de jaren 2010s, en was vergelijkbaar met Melanesië (US$2,3 duizend). De huishoudelijke uitgaven per hoofd in Zuidoost-Azië was in 2,6 keer lager dan de huishoudelijke uitgaven per hoofd van de bevolking in de wereld ($6.018,5), en was 23,7% lager dan de huishoudelijke uitgaven per hoofd van de bevolking in Azië ($6.018,5).

De groei van de huishoudelijke uitgaven in Zuidoost-Azië bedroeg 5.2% in de jaren 2010, en was vergelijkbaar met Mozambique (5,2%). De groei van de huishoudelijke uitgaven in Zuidoost-Azië (5,2%) was groter dan de groei van de huishoudelijke uitgaven in de wereld (2,8%), was groter dan de groei van de huishoudelijke uitgaven in Azië (4,9%).

Vergelijking met subregio's. De huishoudelijke uitgaven van Zuidoost-Azië was 9,8 keer groter dan in Centraal-Azië (US$146,5 miljard); maar 5,7 keer minder dan in Oost-Azië (US$8,1 biljoen), 26,3% minder dan in Zuid-Azië (US$1,9 biljoen) en 2,9% minder dan in Zuidwest-Azië (US$1,5 biljoen). De huishoudelijke uitgaven per hoofd in Zuidoost-Azië was in Zuidoost-Azië5,4% groter dan in Centraal-Azië (US$2,2 duizend) en 2,1 keer groter dan in Zuid-Azië (US$1.069,7); maar 2,6 keer minder dan in Zuidwest-Azië (US$5,8 duizend) en 2,2 keer minder dan in Oost-Azië (US$5,0 duizend). De groei van de huishoudelijke uitgaven in Zuidoost-Azië was groter dan in Oost-Azië (4,8%) en in Zuidwest-Azië (3,9%); maar minder dan in Centraal-Azië (6,6%) en in Zuid-Azië (5,7%).

Leiders. De huishoudelijke uitgaven van Zuidoost-Azië in de jaren 2010 bestond uit: Indonesië (37,2%), Thailand (15,1%), Filipijnen (14,5%), Maleisië (11,8%), Vietnam (8,9%), en andere (12,5%). Het aandeel van de huishoudelijke uitgaven in BBP van de leiders: Filipijnen (73,5%), Vietnam (67,1%), Indonesië (57,0%), Maleisië (53,4%) en Thailand (50,9%). De huishoudelijke uitgaven per hoofd in Zuidoost-Azië onder de leiders: Maleisië ($5.635,2), Thailand ($3.158,8), Indonesië ($2.074,7), Filipijnen ($2.057,9) en Vietnam ($1.378,2). De groei van de huishoudelijke uitgaven onder de leiders: Maleisië (7,1%), Vietnam (6,7%), Filipijnen (5,7%), Indonesië (5,1%) en Thailand (3,2%).

Hoofdstuk XIV. Voedsel consumptie

Tijdens de onderzoeksperiode groeide de voedselconsumptie in noten (in 7,8 keer), stimulerende middelen (in 3,2 keer), vlees (in 3,1 keer), alcoholische dranken (in 3,0 keer), specerijen (in 2,4 keer), eieren (in 2,3 keer), melk (in 2,2 keer), plantaardige oliën (in 2,2 keer), vis (in 2,0 keer), groenten (met 80,8%), fruit (met 67,1%), suiker (met 56,7%), peulvruchten (met 41,3%), granen (met 18,8%), maar daalde in zetmeelrijke wortels (met 26,0%).

Dit zijn de correlatiecoëfficiënten tussen het bni per hoofd van de bevolking in constante prijzen en de voedselconsumptie: melk (0.993), vlees (0.992), eieren (0.992), groenten (0.991), vis (0.991), alcoholische dranken (0.979), stimulerende middelen (0.978), granen (0.975), fruit (0.954), specerijen (0.929), noten (0.921), suiker (0.916), plantaardige oliën (0.904), peulvruchten (0.74), zetmeelrijke wortels (-0.612).

de jaren 1970

De consumptie van kcal in Zuidoost-Azië was 2.012,1 kcal/hoofd/dag in the 1970s, and was on a par with Oost-Afrika (2.016,0 kcal/hoofd/dag), Soedan (2.008,0 kcal/hoofd/dag), Algerije (2.018,2 kcal/hoofd/dag). De consumptie van kcal in Zuidoost-Azië was minder dan in de wereld (2.403,2 kcal/hoofd/dag), en was minder dan in Azië (2.080,9 kcal/hoofd/dag). De structuur van de consumptie: granen (66.8%), zetmeelrijke wortels (6.7%), suiker (6.2%), plantaardige oliën (4.3%), vlees (3%), en anderen (13%).

De consumptie van eiwitten in Zuidoost-Azië was 44,1 g/hoofd/dag in the 1970s, and was on a par with Haïti (44,1 g/hoofd/dag), de Dominicaanse Republiek (44,4 g/hoofd/dag). De consumptie van eiwitten in Zuidoost-Azië was minder dan in de wereld (65,0 g/hoofd/dag), en was minder dan in Azië (52,3 g/hoofd/dag). De structuur van de consumptie: granen (61.1%), vis (11.6%), vlees (7%), peulvruchten (3%), groenten (3%), en anderen (14.3%).

De consumptie van vet in Zuidoost-Azië was 30,0 g/hoofd/dag in the 1970s, and was on a par with Tanzania (29,8 g/hoofd/dag), Noord-Korea (29,7 g/hoofd/dag), Myanmar (29,7 g/hoofd/dag). De consumptie van vet in Zuidoost-Azië was minder dan in de wereld (55,1 g/hoofd/dag), en was minder dan in Azië (31,8 g/hoofd/dag). De structuur van de consumptie: plantaardige oliën (32.9%), granen (17.2%), vlees (17%), vis (3.5%), eieren (2.5%), en anderen (26.9%).

Dit zijn niveaus van voedselconsumptie: granen (142,8 kg/hoofd/jr), zetmeelrijke wortels (48,8 kg/hoofd/jr), fruit (43,2 kg/hoofd/jr), groenten (34,7 kg/hoofd/jr), vis (16,6 kg/hoofd/jr), suiker (12,9 kg/hoofd/jr), vlees (9,3 kg/hoofd/jr), melk (8,2 kg/hoofd/jr), alcoholische dranken (3,7 kg/hoofd/jr), plantaardige oliën (3,6 kg/hoofd/jr), eieren (2,4 kg/hoofd/jr), peulvruchten (2,2 kg/hoofd/jr), specerijen (0,76 kg/hoofd/jr), stimulerende middelen (0,65 kg/hoofd/jr), noten (0,20 kg/hoofd/jr).

de jaren 1980

De consumptie van kcal in Zuidoost-Azië was 2.194,1 kcal/hoofd/dag in the 1980s, and was on a par with Zuid-Azië (2.187,5 kcal/hoofd/dag), Guinee-Bissau (2.184,0 kcal/hoofd/dag), Kenia (2.179,6 kcal/hoofd/dag). De consumptie van kcal in Zuidoost-Azië was minder dan in de wereld (2.572,3 kcal/hoofd/dag), en was minder dan in Azië (2.333,4 kcal/hoofd/dag). De structuur van de consumptie: granen (64.5%), suiker (6.4%), plantaardige oliën (6.3%), zetmeelrijke wortels (5.5%), vlees (3.5%), en anderen (13.8%).

De consumptie van eiwitten in Zuidoost-Azië was 47,4 g/hoofd/dag in the 1980s, and was on a par with Indonesië (47,3 g/hoofd/dag), Sao Tomé en Principe (47,3 g/hoofd/dag), Laos (47,3 g/hoofd/dag). De consumptie van eiwitten in Zuidoost-Azië was minder dan in de wereld (69,1 g/hoofd/dag), en was minder dan in Azië (58,8 g/hoofd/dag). De structuur van de consumptie: granen (59.4%), vis (11.6%), vlees (8.1%), peulvruchten (3.5%), groenten (2.8%), en anderen (14.6%).

De consumptie van vet in Zuidoost-Azië was 38,8 g/hoofd/dag in the 1980s, and was on a par with Tsjaad (38,6 g/hoofd/dag), Guyana (38,5 g/hoofd/dag), Nicaragua (39,0 g/hoofd/dag). De consumptie van vet in Zuidoost-Azië was minder dan in de wereld (63,2 g/hoofd/dag), en was minder dan in Azië (42,6 g/hoofd/dag). De structuur van de consumptie: plantaardige oliën (40.6%), vlees (17%), granen (12.8%), vis (2.8%), eieren (2.3%), en anderen (24.5%).

Dit zijn niveaus van voedselconsumptie: granen (150,6 kg/hoofd/jr), fruit (50,5 kg/hoofd/jr), zetmeelrijke wortels (44,6 kg/hoofd/jr), groenten (35,3 kg/hoofd/jr), vis (18,0 kg/hoofd/jr), suiker (14,5 kg/hoofd/jr), vlees (11,6 kg/hoofd/jr), melk (9,5 kg/hoofd/jr), plantaardige oliën (5,8 kg/hoofd/jr), alcoholische dranken (4,9 kg/hoofd/jr), eieren (3,0 kg/hoofd/jr), peulvruchten (2,8 kg/hoofd/jr), specerijen (0,79 kg/hoofd/jr), stimulerende middelen (0,73 kg/hoofd/jr), noten (0,33 kg/hoofd/jr).

de jaren 1990

De consumptie van kcal in Zuidoost-Azië was 2.289,5 kcal/hoofd/dag in the 1990s, and was on a par with de Filipijnen (2.288,4 kcal/hoofd/dag), de Caraïben (2.293,9 kcal/hoofd/dag), Burkina Faso (2.299,2 kcal/hoofd/dag). De consumptie van kcal in Zuidoost-Azië was minder dan in de wereld (2.652,6 kcal/hoofd/dag), en was minder dan in Azië (2.494,1 kcal/hoofd/dag). De structuur van de consumptie: granen (62.7%), suiker (7.3%), plantaardige oliën (6%), vlees (4.7%), zetmeelrijke wortels (4.2%), en anderen (15.1%).

De consumptie van eiwitten in Zuidoost-Azië was 52,2 g/hoofd/dag in the 1990s, and was on a par with Benin (52,1 g/hoofd/dag), Malawi (52,1 g/hoofd/dag), de Filipijnen (51,9 g/hoofd/dag). De consumptie van eiwitten in Zuidoost-Azië was minder dan in de wereld (72,1 g/hoofd/dag), en was minder dan in Azië (65,3 g/hoofd/dag). De structuur van de consumptie: granen (55.5%), vis (12.5%), vlees (10.5%), peulvruchten (3.3%), groenten (3.2%), en anderen (15%).

De consumptie van vet in Zuidoost-Azië was 43,3 g/hoofd/dag in the 1990s, and was on a par with Swaziland (43,5 g/hoofd/dag), Sri Lanka (43,0 g/hoofd/dag), Nicaragua (43,6 g/hoofd/dag). De consumptie van vet in Zuidoost-Azië was minder dan in de wereld (69,0 g/hoofd/dag), en was minder dan in Azië (54,3 g/hoofd/dag). De structuur van de consumptie: plantaardige oliën (35.9%), vlees (21.8%), granen (11.8%), vis (3.1%), eieren (2.5%), en anderen (24.9%).

Dit zijn niveaus van voedselconsumptie: granen (155,3 kg/hoofd/jr), fruit (52,2 kg/hoofd/jr), groenten (42,6 kg/hoofd/jr), zetmeelrijke wortels (35,7 kg/hoofd/jr), vis (21,2 kg/hoofd/jr), suiker (17,3 kg/hoofd/jr), vlees (16,6 kg/hoofd/jr), melk (12,0 kg/hoofd/jr), alcoholische dranken (6,2 kg/hoofd/jr), plantaardige oliën (5,7 kg/hoofd/jr), eieren (3,7 kg/hoofd/jr), peulvruchten (2,9 kg/hoofd/jr), stimulerende middelen (0,98 kg/hoofd/jr), noten (0,91 kg/hoofd/jr), specerijen (0,81 kg/hoofd/jr).

de jaren 2000

De consumptie van kcal in Zuidoost-Azië was 2.479,2 kcal/hoofd/dag in the 2000s, and was on a par with Saint Kitts en Nevis (2.478,8 kcal/hoofd/dag), Sao Tomé en Principe (2.477,4 kcal/hoofd/dag), de Maldiven (2.474,6 kcal/hoofd/dag). De consumptie van kcal in Zuidoost-Azië was minder dan in de wereld (2.765,9 kcal/hoofd/dag), en was minder dan in Azië (2.619,0 kcal/hoofd/dag). De structuur van de consumptie: granen (59.7%), suiker (7.7%), plantaardige oliën (6.3%), vlees (5.9%), zetmeelrijke wortels (3.7%), en anderen (16.7%).

De consumptie van eiwitten in Zuidoost-Azië was 58,6 g/hoofd/dag in the 2000s, and was on a par with Benin (58,6 g/hoofd/dag), Thailand (58,8 g/hoofd/dag), Noord-Korea (58,9 g/hoofd/dag). De consumptie van eiwitten in Zuidoost-Azië was minder dan in de wereld (76,5 g/hoofd/dag), en was minder dan in Azië (70,9 g/hoofd/dag). De structuur van de consumptie: granen (51%), vis (14.2%), vlees (12.3%), groenten (3.5%), peulvruchten (2.7%), en anderen (16.3%).

De consumptie van vet in Zuidoost-Azië was 51,5 g/hoofd/dag in the 2000s, and was on a par with Congo (51,3 g/hoofd/dag), Niger (51,7 g/hoofd/dag), Namibië (51,9 g/hoofd/dag). De consumptie van vet in Zuidoost-Azië was minder dan in de wereld (76,9 g/hoofd/dag), en was minder dan in Azië (64,4 g/hoofd/dag). De structuur van de consumptie: plantaardige oliën (34.1%), vlees (24.8%), granen (10.2%), vis (3.4%), eieren (2.6%), en anderen (24.9%).

Dit zijn niveaus van voedselconsumptie: granen (160,9 kg/hoofd/jr), fruit (67,1 kg/hoofd/jr), groenten (52,5 kg/hoofd/jr), zetmeelrijke wortels (33,7 kg/hoofd/jr), vis (27,6 kg/hoofd/jr), vlees (22,2 kg/hoofd/jr), suiker (19,7 kg/hoofd/jr), melk (14,5 kg/hoofd/jr), alcoholische dranken (9,2 kg/hoofd/jr), plantaardige oliën (6,4 kg/hoofd/jr), eieren (4,6 kg/hoofd/jr), peulvruchten (2,7 kg/hoofd/jr), stimulerende middelen (1,7 kg/hoofd/jr), specerijen (1,6 kg/hoofd/jr), noten (1,5 kg/hoofd/jr).

de jaren 2010

De consumptie van kcal in Zuidoost-Azië was 2.686,3 kcal/hoofd/dag in the 2010s, and was on a par with West-Afrika (2.687,0 kcal/hoofd/dag), Burkina Faso (2.693,0 kcal/hoofd/dag), Guyana (2.693,0 kcal/hoofd/dag). De consumptie van kcal in Zuidoost-Azië was minder dan in de wereld (2.869,3 kcal/hoofd/dag), en was minder dan in Azië (2.759,8 kcal/hoofd/dag). De structuur van de consumptie: granen (57.5%), suiker (7.2%), plantaardige oliën (7%), vlees (6.8%), zetmeelrijke wortels (3.9%), en anderen (17.6%).

De consumptie van eiwitten in Zuidoost-Azië was 66,5 g/hoofd/dag in the 2010s, and was on a par with Laos (66,5 g/hoofd/dag), Nicaragua (66,5 g/hoofd/dag), de Caraïben (66,6 g/hoofd/dag). De consumptie van eiwitten in Zuidoost-Azië was minder dan in de wereld (80,6 g/hoofd/dag), en was minder dan in Azië (76,7 g/hoofd/dag). De structuur van de consumptie: granen (47.2%), vis (15%), vlees (14.1%), groenten (3.7%), peulvruchten (2.8%), en anderen (17.2%).

De consumptie van vet in Zuidoost-Azië was 60,2 g/hoofd/dag in the 2010s, and was on a par with Liberia (60,1 g/hoofd/dag), Nicaragua (60,5 g/hoofd/dag). De consumptie van vet in Zuidoost-Azië was minder dan in de wereld (82,4 g/hoofd/dag), en was minder dan in Azië (72,1 g/hoofd/dag). De structuur van de consumptie: plantaardige oliën (35.4%), vlees (26.5%), granen (9.2%), vis (3.5%), eieren (2.7%), en anderen (22.7%).

Dit zijn niveaus van voedselconsumptie: granen (169,6 kg/hoofd/jr), fruit (72,3 kg/hoofd/jr), groenten (62,7 kg/hoofd/jr), zetmeelrijke wortels (38,7 kg/hoofd/jr), vis (33,2 kg/hoofd/jr), vlees (28,9 kg/hoofd/jr), suiker (20,2 kg/hoofd/jr), melk (18,0 kg/hoofd/jr), alcoholische dranken (11,0 kg/hoofd/jr), plantaardige oliën (7,8 kg/hoofd/jr), eieren (5,7 kg/hoofd/jr), peulvruchten (3,2 kg/hoofd/jr), stimulerende middelen (2,1 kg/hoofd/jr), specerijen (1,8 kg/hoofd/jr), noten (1,5 kg/hoofd/jr).

Part V. Reproductie

Index van Koesjnir, (-) consumptie - (+) reproductie

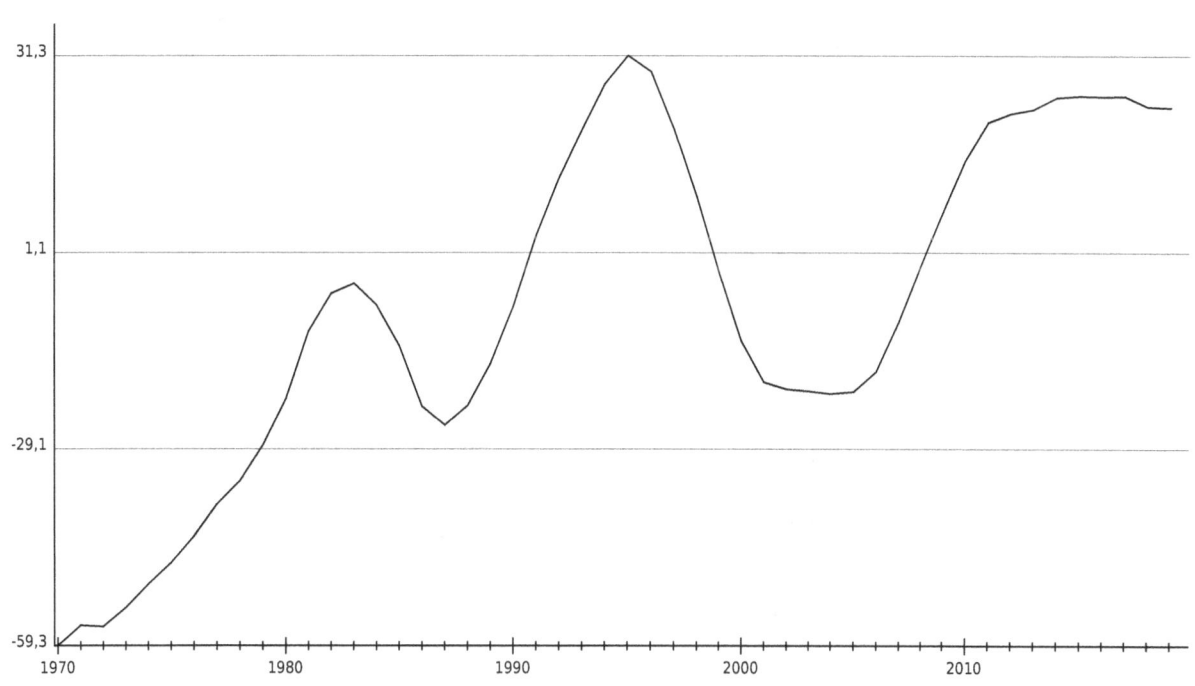

Hoofdstuk XV. Bruto-investeringen in vaste activa

De bruto-investeringen in vaste activa van Zuidoost-Azië steeg van US$19,8 miljard per jaar in de jaren 1970 tot US$709,0 miljard per jaar in de jaren 2010, dat wil zeggen met US$689,2 miljard of 35,9 keer. De verandering vond plaats op US$486,0 miljard als gevolg van een 3,2-voudige stijging van de prijzen, en ook op US$183,4 miljard als gevolg van een 5,6-voudige toename van het tarief per hoofd , evenals op US$19,7 miljard als gevolg van de toename van de bevolking. De gemiddelde jaarlijkse groei van de investeringen in vaste activa is 6,6%. De minimumwaarde van de investeringen in vaste activa bedroeg US$6,8 miljard in 1970. De maximumwaarde van de investeringen in vaste activa bedroeg US$860,6 miljard in 2019.

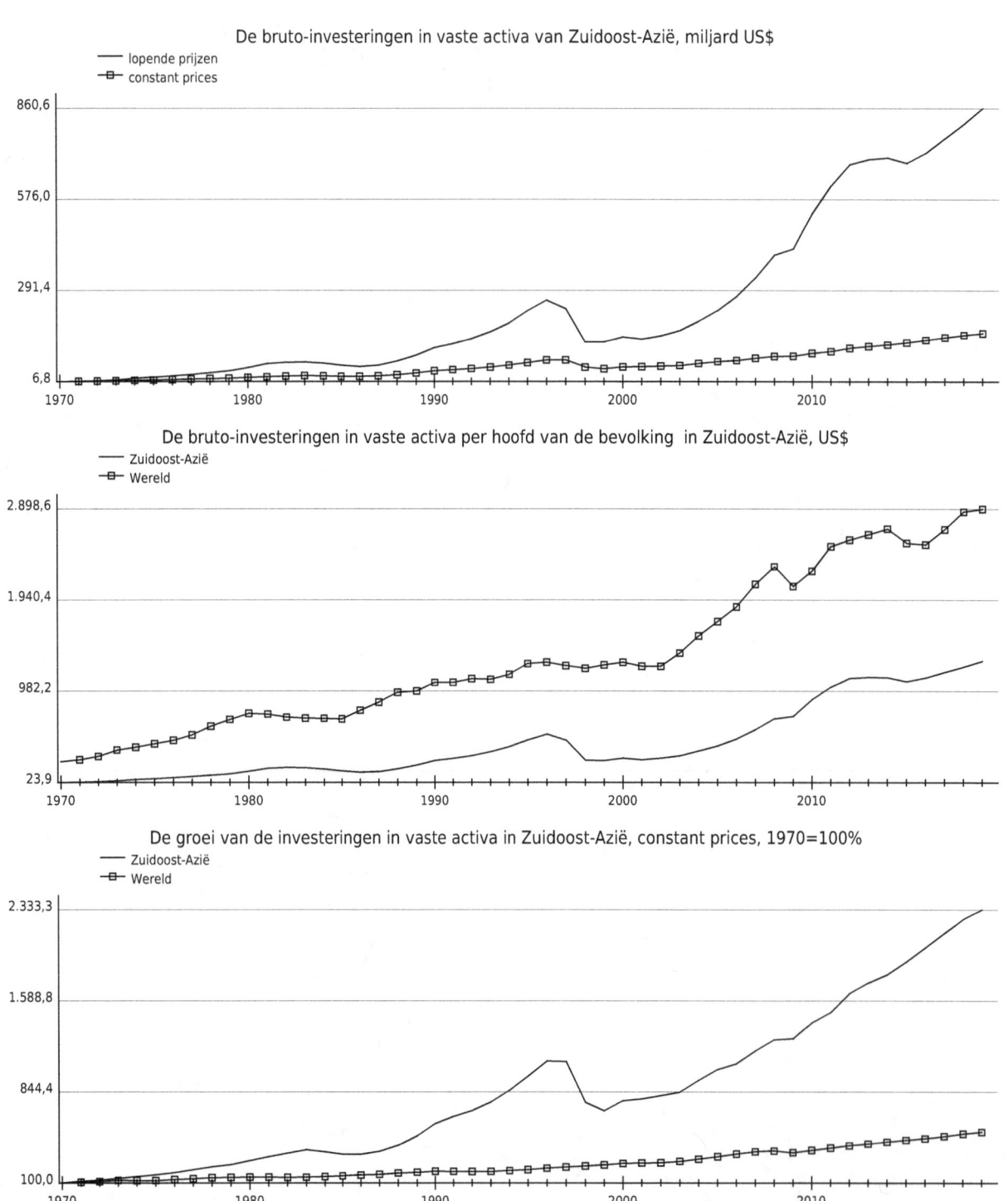

De bruto-investeringen in vaste activa van Zuidoost-Azië, miljard US$

De bruto-investeringen in vaste activa per hoofd van de bevolking in Zuidoost-Azië, US$

De groei van de investeringen in vaste activa in Zuidoost-Azië, constant prices, 1970=100%

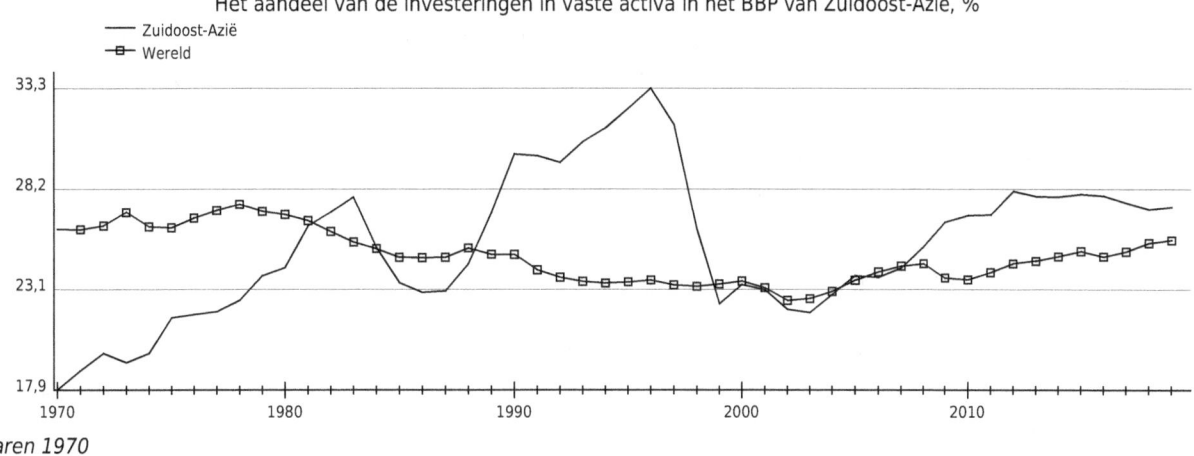

Het aandeel van de investeringen in vaste activa in het BBP van Zuidoost-Azië, %

de jaren 1970

De investeringen in vaste activa van Zuidoost-Azië bedroeg in de jaren 1970 US$19,8 miljard per jaar, en was vergelijkbaar met Iran (US$19,8 miljard), Zweden (US$19,8 miljard), Mexico (US$20,2 miljard). Het aandeel in de wereld was 1,1%, en 5,6% in Azië.

Het aandeel van de investeringen in vaste activa in het BBP van Zuidoost-Azië was 21,5% in de jaren 1970, en was vergelijkbaar met Grenada (21,4%), Polen (21,7%), Mexico (21,4%).

De bruto-investeringen in vaste activa per hoofd in Zuidoost-Azië was $62,7 in de jaren 1970s, en was vergelijkbaar met Togo (US$63,2), Senegal (US$61,5), Egypte (US$63,8). De bruto-investeringen in vaste activa per hoofd in Zuidoost-Azië was in 6,9 keer lager dan de investeringen in vaste activa per hoofd van de bevolking in de wereld ($433,5), en was in 2,4 keer lager dan de investeringen in vaste activa per hoofd van de bevolking in Azië ($433,5).

De groei van de investeringen in vaste activa in Zuidoost-Azië bedroeg 10.7% in de jaren 1970, en was vergelijkbaar met Costa Rica (10,6%), Tunesië (10,8%). De groei van de investeringen in vaste activa in Zuidoost-Azië (10,7%) was groter dan de groei van de investeringen in vaste activa in de wereld (4,2%), was groter dan de groei van de investeringen in vaste activa in Azië (6,2%).

Vergelijking met subregio's. De investeringen in vaste activa van Zuidoost-Azië was minder dan in Oost-Azië (US$251,1 miljard), in Zuid-Azië (US$42,0 miljard) en in Zuidwest-Azië (US$37,9 miljard). De bruto-investeringen in vaste activa per hoofd in Zuidoost-Azië was in Zuidoost-Azië groter dan in Zuid-Azië (US$50,9); maar minder dan in Zuidwest-Azië (US$449,0) en in Oost-Azië (US$229,2). De groei van de investeringen in vaste activa in Zuidoost-Azië was groter dan in Zuid-Azië (6,3%) en in Oost-Azië (5,1%); maar minder dan in Zuidwest-Azië (12,1%).

Leiders. De investeringen in vaste activa van Zuidoost-Azië in de jaren 1970 bestond uit: Indonesië (29,5%), Filipijnen (21,6%), Thailand (21,2%), Maleisië (12,3%), Singapore (9,4%), en andere (6,0%). Het aandeel van de investeringen in vaste activa in BBP van de leiders: Singapore (35,1%), Thailand (26,8%), Filipijnen (26,1%), Maleisië (24,0%) en Indonesië (17,3%). De bruto-investeringen in vaste activa per hoofd in Zuidoost-Azië onder de leiders: Singapore ($833,1), Maleisië ($201,4), Filipijnen ($104,8), Thailand ($100,5) en Indonesië ($44,8). De groei van de investeringen in vaste activa onder de leiders: Maleisië (15,2%), Indonesië (14,6%), Filipijnen (11,0%), Singapore (9,7%) en Thailand (6,7%).

de jaren 1980

De bruto-investeringen in vaste activa van Zuidoost-Azië bedroeg in de jaren 1980 US$63,6 miljard per jaar. Het aandeel in de wereld was 1,7%, en 6,4% in Azië.

Het aandeel van de investeringen in vaste activa in het BBP van Zuidoost-Azië was 25,2% in de jaren 1980, en was vergelijkbaar met de Seychellen (25,1%), Griekenland (25,0%), Marokko (25,0%).

De investeringen in vaste activa per hoofd in Zuidoost-Azië was $160,4 in de jaren 1980s, en was vergelijkbaar met Angola (US$161,8), Centraal-Afrika (US$162,8). De investeringen in vaste activa per hoofd in Zuidoost-Azië was in 4,9 keer lager dan de investeringen in vaste activa per hoofd van de bevolking in de wereld ($790,9), en was in 2,2 keer lager dan de investeringen in vaste activa per hoofd van de bevolking in Azië ($790,9).

De groei van de investeringen in vaste activa in Zuidoost-Azië bedroeg 6.9% in de jaren 1980. De groei van de investeringen in vaste activa in Zuidoost-Azië (6,9%) was groter dan de groei van de investeringen in vaste activa in de wereld (2,5%), was groter dan de groei van de investeringen in vaste activa in Azië (4,8%).

Vergelijking met subregio's. De bruto-investeringen in vaste activa van Zuidoost-Azië was minder dan in Oost-Azië (US$737,1 miljard), in Zuid-Azië (US$101,2 miljard) en in Zuidwest-Azië (US$88,7 miljard). De bruto-investeringen in vaste activa per hoofd in Zuidoost-Azië was in Zuidoost-Azië groter dan in Zuid-Azië (US$96,5); maar minder dan in Zuidwest-Azië (US$780,4) en in Oost-Azië (US$576,9). De groei van de investeringen in vaste activa in Zuidoost-Azië was groter dan in Oost-Azië (5,6%), in Zuid-Azië (2,5%) en in Zuidwest-Azië (-0,73%).

Leiders. De bruto-investeringen in vaste activa van Zuidoost-Azië in de jaren 1980 bestond uit: Indonesië (34,1%), Thailand (21,5%), Filipijnen (14,9%), Maleisië (14,4%), Singapore (11,7%), en andere (3,4%). Het aandeel van de investeringen in vaste activa in BBP van de leiders: Singapore (37,9%), Maleisië (30,0%), Thailand (29,1%), Filipijnen (24,8%) en Indonesië (21,4%). De investeringen in vaste activa per hoofd in Zuidoost-Azië onder de leiders: Singapore ($2.793,8), Maleisië ($591,5), Thailand ($264,7), Filipijnen ($176,2) en Indonesië ($132,5). De groei van de investeringen in vaste activa onder de leiders: Indonesië (8,7%), Thailand (8,5%), Singapore (7,0%), Maleisië (6,6%) en Filipijnen (0,40%).

de jaren 1990

De investeringen in vaste activa van Zuidoost-Azië bedroeg in de jaren 1990 US$171,1 miljard per jaar. Het aandeel in de wereld was 2,5%, en 7,5% in Azië.

Het aandeel van de investeringen in vaste activa in het BBP van Zuidoost-Azië was 29,9% in de jaren 1990, en was vergelijkbaar met Iran (29,8%).

De bruto-investeringen in vaste activa per hoofd in Zuidoost-Azië was $355,4 in de jaren 1990s, en was vergelijkbaar met Melanesië (US$352,6), Kazachstan (US$359,7). De investeringen in vaste activa per hoofd in Zuidoost-Azië was in 3,3 keer lager dan de investeringen in vaste activa per hoofd van de bevolking in de wereld ($1.183,8), en was 46,3% lager dan de investeringen in vaste activa per hoofd van de bevolking in Azië ($1.183,8).

De groei van de investeringen in vaste activa in Zuidoost-Azië bedroeg 3.6% in de jaren 1990, en was vergelijkbaar met Tsjaad (3,6%). De groei van de investeringen in vaste activa in Zuidoost-Azië (3,6%) was groter dan de groei van de investeringen in vaste activa in de wereld (2,8%), was minder dan de groei van de investeringen in vaste activa in Azië (4,3%).

Vergelijking met subregio's. De bruto-investeringen in vaste activa van Zuidoost-Azië was groter dan in Zuid-Azië (US$148,0 miljard), in Zuidwest-Azië (US$146,5 miljard) en in Centraal-Azië (US$12,1 miljard); maar minder dan in Oost-Azië (US$1,8 biljoen). De bruto-investeringen in vaste activa per hoofd in Zuidoost-Azië was in Zuidoost-Azië groter dan in Centraal-Azië (US$228,8) en in Zuid-Azië (US$113,0); maar minder dan in Oost-Azië (US$1.245,8) en in Zuidwest-Azië (US$890,4). De groei van de investeringen in vaste activa in Zuidoost-Azië was groter dan in Centraal-Azië (-12,0%); maar minder dan in Zuid-Azië (6,3%), in Zuidwest-Azië (4,6%) en in Oost-Azië (4,1%).

Leiders. De investeringen in vaste activa van Zuidoost-Azië in de jaren 1990 bestond uit: Thailand (28,1%), Indonesië (26,0%), Maleisië (15,9%), Singapore (15,1%), Filipijnen (10,2%), en andere (4,8%). Het aandeel van de investeringen in vaste activa in BBP van de leiders: Maleisië (36,9%), Thailand (36,3%), Singapore (35,5%), Filipijnen (24,6%) en Indonesië (23,8%). De bruto-investeringen in vaste activa per hoofd in Zuidoost-Azië onder de leiders: Singapore ($7.416,5), Maleisië ($1.338,4), Thailand ($809,6), Filipijnen ($253,0) en Indonesië ($227,2). De groei van de investeringen in vaste activa onder de leiders: Singapore (9,1%), Maleisië (6,2%), Filipijnen (3,0%), Indonesië (2,7%) en Thailand (-0,54%).

de jaren 2000

De bruto-investeringen in vaste activa van Zuidoost-Azië bedroeg in de jaren 2000 US$245,1 miljard per jaar, en was vergelijkbaar met Canada (US$241,2 miljard). Het aandeel in de wereld was 2,2%, en 6,8% in Azië.

Het aandeel van de investeringen in vaste activa in het BBP van Zuidoost-Azië was 24,1% in de jaren 2000, en was vergelijkbaar met Tsjaad (24,1%), de Britse Maagdeneilanden (24,0%), Gabon (24,1%).

De investeringen in vaste activa per hoofd in Zuidoost-Azië was $439,7 in de jaren 2000s, en was vergelijkbaar met Paraguay (US$440,8), Oekraïne (US$438,3), Mongolië (US$434,4). De investeringen in vaste activa per hoofd in Zuidoost-Azië was in 3,8 keer lager dan de investeringen in vaste activa per hoofd van de bevolking in de wereld ($1.690,7), en was in 2,1 keer lager dan de investeringen in vaste activa per hoofd van de bevolking in Azië ($1.690,7).

De groei van de investeringen in vaste activa in Zuidoost-Azië bedroeg 6.4% in de jaren 2000, en was vergelijkbaar met Turkije (6,4%), Syrië (6,4%). De groei van de investeringen in vaste activa in Zuidoost-Azië (6,4%) was groter dan de groei van de investeringen in vaste activa in de wereld (3,5%), was minder dan de groei van de investeringen in vaste activa in Azië (6,8%).

Vergelijking met subregio's. De bruto-investeringen in vaste activa van Zuidoost-Azië was groter dan in Centraal-Azië (US$26,6 miljard); maar minder dan in Oost-Azië (US$2,6 biljoen), in Zuid-Azië (US$396,8 miljard) en in Zuidwest-Azië (US$335,2 miljard). De investeringen in vaste activa per hoofd in Zuidoost-Azië was in Zuidoost-Azië groter dan in Zuid-Azië (US$252,0); maar minder dan in Oost-Azië (US$1.652,2), in Zuidwest-Azië (US$1.642,9) en in Centraal-Azië (US$456,7). De groei van de investeringen in vaste activa in Zuidoost-Azië was groter dan in Oost-Azië (6,3%); maar minder dan in Centraal-Azië (11,9%), in Zuidwest-Azië (8,9%) en in Zuid-Azië (8,7%).

Leiders. De investeringen in vaste activa van Zuidoost-Azië in de jaren 2000 bestond uit: Indonesië (32,7%), Thailand (19,7%), Singapore (14,4%), Maleisië (13,2%), Filipijnen (9,3%), en andere (10,6%). Het aandeel van de investeringen in vaste activa in BBP van de leiders: Singapore (26,5%), Thailand (24,7%), Indonesië (24,0%), Maleisië (22,3%) en Filipijnen (20,1%). De investeringen in vaste activa per hoofd in Zuidoost-Azië onder de leiders: Singapore ($8.134,0), Maleisië ($1.274,9), Thailand ($741,9), Indonesië ($356,7) en Filipijnen ($266,6). De groei van de investeringen in vaste activa onder de leiders: Indonesië (7,8%), Maleisië (4,9%), Thailand (4,7%), Singapore (4,4%) en Filipijnen (3,4%).

de jaren 2010

De investeringen in vaste activa van Zuidoost-Azië bedroeg in de jaren 2010 US$709,0 miljard per jaar, en was vergelijkbaar met India (US$696,8 miljard), Oost-Europa (US$694,0 miljard). Het aandeel in de wereld was 3,7%, en 8,0% in Azië.

Het aandeel van de investeringen in vaste activa in het BBP van Zuidoost-Azië was 27,5% in de jaren 2010, en was vergelijkbaar met Sri Lanka (27,6%), Antigua en Barbuda (27,6%), Palau (27,4%).

De bruto-investeringen in vaste activa per hoofd in Zuidoost-Azië was $1.125,1 in de jaren 2010s, en was vergelijkbaar met Albanië (US$1.132,8), Micronesië (US$1.116,5), Tonga (US$1.113,7). De investeringen in vaste activa per hoofd in Zuidoost-Azië was in 2,3 keer lager dan de investeringen in vaste activa per hoofd van de bevolking in de wereld ($2.621,1), en was 44,0% lager dan de investeringen in vaste activa per hoofd van de bevolking in Azië ($2.621,1).

De groei van de investeringen in vaste activa in Zuidoost-Azië bedroeg 6.2% in de jaren 2010, en was vergelijkbaar met Indonesië (6,2%). De groei van de investeringen in vaste activa in Zuidoost-Azië (6,2%) was groter dan de groei van de investeringen in vaste activa in de wereld (4,1%), was groter dan de groei van de investeringen in vaste activa in Azië (6,0%).

Vergelijking met subregio's. De bruto-investeringen in vaste activa van Zuidoost-Azië was 8,8 keer groter dan in Centraal-Azië (US$80,3 miljard); maar 9,0 keer minder dan in Oost-Azië (US$6,4 biljoen), 24,4% minder dan in Zuid-Azië (US$937,8 miljard) en 6,5% minder dan in Zuidwest-Azië (US$758,3 miljard). De investeringen in vaste activa per hoofd in Zuidoost-Azië was in Zuidoost-Azië2,2 keer groter dan in Zuid-Azië (US$516,4); maar 3,4 keer minder dan in Oost-Azië (US$3,9 duizend), 2,6 keer minder dan in Zuidwest-Azië (US$3,0 duizend) en 4,8% minder dan in Centraal-Azië (US$1.182,3). De groei van de investeringen in vaste activa in Zuidoost-Azië was groter dan in Zuid-Azië (4,7%) en in Zuidwest-Azië (4,0%); maar minder dan in Centraal-Azië (8,4%) en in Oost-Azië (6,3%).

Leiders. De bruto-investeringen in vaste activa van Zuidoost-Azië in de jaren 2010 bestond uit: Indonesië (42,4%), Thailand (14,6%), Singapore (11,4%), Maleisië (11,0%), Filipijnen (9,1%), en andere (11,4%). Het aandeel van de investeringen in vaste activa in BBP van de leiders: Indonesië (32,2%), Singapore (25,7%), Maleisië (24,6%), Thailand (24,3%) en Filipijnen (22,9%). De investeringen in vaste activa per hoofd in Zuidoost-Azië onder de leiders: Singapore ($14.661,6), Maleisië ($2.599,2), Thailand ($1.506,7), Indonesië ($1.171,9) en Filipijnen ($640,1). De groei van de investeringen in vaste activa onder de leiders: Filipijnen (11,1%), Indonesië (6,2%), Maleisië (6,0%), Thailand (3,8%) en Singapore (3,6%).

www.ingramcontent.com/pod-product-compliance
Lightning Source LLC
Chambersburg PA
CBHW080858220526
45467CB00008B/2552